Demarketing

Andreas Hesse

Demarketing

Gezielte Nachfragereduzierung:
Typologie und Wahrnehmung einer
scheinbar unlogischen Bewegung

Andreas Hesse
Hochschule Koblenz
Koblenz, Deutschland

ISBN 978-3-658-41786-4   ISBN 978-3-658-41787-1   (eBook)
https://doi.org/10.1007/978-3-658-41787-1

Die Deutsche Nationalbibliothek verzeichnet diese Publikation in der Deutschen Nationalbibliografie; detaillierte bibliografische Daten sind im Internet über http://dnb.d-nb.de abrufbar.

Planung/Lektorat: Imke Sander
Springer Gabler ist ein Imprint der eingetragenen Gesellschaft Springer Fachmedien Wiesbaden GmbH und ist ein Teil von Springer Nature.
Die Anschrift der Gesellschaft ist: Abraham-Lincoln-Str. 46, 65189 Wiesbaden, Germany

Vorwort

„Kaufen Sie dieses Buch nicht!" oder „Lesen Sie dieses Buch nicht!" –
Es ist nicht mehr unvorstellbar, durch den gezielten Aufruf zum Nichtkauf (oder zur Nichtnutzung), die Nachfrage nach einem Angebot
zu lenken. Das vorliegende Werk leistet einen Beitrag, solches
Demarketing terminologisch zu dekonstruieren und Reaktionen auf
diesen riskanten Ansatz besser zu verstehen. Wenn profitmaximierende
Unternehmen dazu aufrufen, weniger zu kaufen, ist zunächst mit Verwirrung zu rechnen, da die zu erwartende Botschaft eine andere ist.
Es erscheint untersuchenswert, die Reaktion von Konsumentinnen
und Konsumenten auf den Erwartungsbruch zu verstehen. Der subtile Ansatz, Konsumenten beispielsweise dazu zu bringen, in Summe
zugunsten der Umwelt weniger zu kaufen, aber den verbleibenden
Konsum auf die werbetreibende Marke zu konzentrieren, bedarf einer
wissenschaftlichen Untersuchung. Gleichsam erscheint es vielversprechend, tiefergehend zu verstehen, wie Konsumentinnen und Konsumenten darauf reagieren, wenn sie vom Konsum ausgeschlossen werden,
etwa weil sie bestimmte Bedingungen nicht erfüllen.

Immer mehr Wissenschaftler setzen sich mit Phänomenen des
Ökologieorientieren Marketing *(green marketing)* auseinander und

einige rücken dabei die Konsumentenseite in den Mittelpunkt der Untersuchungen. Demarketing und insbesondere die Konsumentenwahrnehmungen von Demarketingkommunikation sind derweilen immer noch ein kaum untersuchtes Feld (Hwang et al., 2014, 2016). Dies gilt in besonderem Maße für den deutschsprachigen Raum. Mit dem vorliegenden Werk schließe ich diese Lücke gezielt und präsentiere eine umfassende Demarketingtypologie. Ich zeige dabei auf der Basis umfassender Literaturrecherche verschiedene Facetten von Demarketing, die im Rahmen verschiedener Anlässe und Zielsetzungen zu erkennen sind. Es handelt sich dabei um eine begriffliche Einordnung und Klärung, die erstmals im deutschsprachigen Raum erfolgt. Dies gilt ebenso für den Teil des Buches, der mittels empirischer Primärdaten dazu beiträgt, den Begriff Demarketing besser zu verstehen und hinsichtlich hervorgerufener Reaktionen bei Konsumentinnen und Konsumenten zu untersuchen. Die entstandene Sammlung an empirischen Primärdatenerhebungen stellt eine bislang nicht vorliegende Quelle dar.

In den für dieses Buch untersuchten Fällen lassen sich Dimensionen von Reaktionen bündeln und abschichten: Konsumentinnen und Konsumenten befürworten vielmals Aktivitäten, Initiativen und Aufrufe an sich, lehnen aber die Verbindung solcher Initiativen mit Marken und Markenbotschaften ab. Eine Befürwortung von Kampagnenthemen wie dem Verzicht auf den Kauf schnelllebiger Konsumgüter oder qualitativ niedrigwertiger Lebensmittel, steht die Ablehnung auf der Markenebene gegenüber. Die kann durch den Widerspruch zwischen einer nachfrageentlastenden Botschaft und ihrem kommerziellen Absender erklärt werden. Der widersprüchlichen Parallelität des Demarketings (Aufruf zum Kaufverzicht durch kommerziellen Absender) stehen Wahrnehmungsmuster gegenüber, die gleichsam als gegensätzliche Parallelität (von Ablehnung und Befürwortung) zu erkennen sind. Will ein Unternehmen dennoch mit Demarketing überzeugen, ist Vorsicht und Sensibilität geboten. Es bedarf es echter, ehrlicher Transparenz und Authentizität.

Die Tatsache, dass nur vereinzelt Unternehmen ihre Marke als verantwortungsbewusst im Sinne von konsumvermeidend positionieren, stellt infrage, ob es sich beim Demarketing um eine relevante Strategie handelt. Es leuchtet schnell ein, dass Unternehmen aufgrund von Ressourcenknappheit oder Nachfrageüberhang in die Situation kommen können, dass sie ganzheitlich die Nachfrage steuern und dabei gezielt reduzieren müssen. Daneben erscheint zunehmend auch der Ansatz vielversprechend, dass eine Markenpositionierung im Sinne Umwelt- und Naturschutz relevant erscheint. Immer mehr Konsumentinnen und Konsumenten sind sich der Auswirkungen ihres Konsums bewusst und wollen nicht-essenziellen Konsum vermeiden und seltener kaufen (Sodhi, 2011). Fast alle Konsumentinnen und Konsumenten befürworten langlebigere Konsumgüter. In diesem Spektrum bewegen sich Marken, die zeitloses Design und Haltbarkeit über die Lebenserwartung des Nutzers hinaus in den Mittelpunkt ihrer Positionierung setzen. Marken, die lebenslange Garantien aussprechen, Unternehmen, die Reparatur anstatt Austausch anbieten. Unternehmen, die Leihe, Tausch, Teilen, Recycling oder Wiedernutzung zum Geschäftsmodell machen und auf diesem Wege Konsumenten unterstützen, die weniger, bewusster, nicht konsumieren wollen.

Ich bedanke mich ausdrücklich bei Leonie Hens, Yekaterina Sedova, Philipp Freiberg, Hanna von Selchow, Sofie Rünz, Alexandra Reinschmidt, Nele Weigelt und Alexandra Kellermann, die mit ihren empirischen Primärdatenerhebungen einen wichtigen Beitrag zum Entstehen dieses Buches geleistet haben.

Koblenz   Professor Dr. Andreas Hesse
im Mai 2023

Inhaltsverzeichnis

Über den Autor

Professor Dr. Andreas Hesse wechselte 2015 nach einer Karrieren in führenden Positionen im Marketing, Vertrieb und Service in der Telekommunikationsindustrie in die Hochschullehre und Wissenschaft. Nach Promotion an der European Business School (EBS Universität) in Oestrich-Winkel im Mai 2018, wurde der Diplom-Kaufmann zum Hochschulprofessor für Allgemeine BWL, insbesondere Marketing an der Hochschule Koblenz berufen. Sein Forschungsinteresse umfasst Konsumentenwahrnehmungen und -reaktionen auf außergewöhnliche und zeitgemäße Marketingphänomene wie Green Marketing,

Demarketing, Corporate Influencer Marketing und Metaverse Marketing. Darüber hinaus ist er Experte für Digitalisierung und innerstädtischen Einzelhandel. Der Autor veröffentlichte seit 2019 in zahlreichen renommierten internationalen Zeitschriften wie dem Journal of Business Ethics, dem Journal of Marketing Communications, dem Journal of Marketing Management und dem European Journal of Marketing. Regelmäßig präsentiert der Autor seine Forschungsergebnisse im Rahmen von wissenschaftlichen Forschungskonferenzen.

1

Einleitung

Die Vorsilbe „de" ermöglich eine Wortbildung, die den Sinn eines
Wortes dahingehend erweitert, etwas aufzuheben, rückgängig zu
machen, herabzusetzen, zu verneinen oder zu reduzieren (Duden, o. J.).
Der aus dem Englischen stammende Begriff Marketing wird dadurch
zum Demarketing, also zu Aufhebung von Marketing, zur Reduzierung
von Marketing, zur Abschwächung von Marketing oder Dämpfung von
Marketing. Auf den ersten Blick eine Wortveränderung, die mit dem
bricht, was der gemeine Leser unter Marketing verstehen dürfte: Märkte
machen, vermarkten, absatzfördernde Maßnahmen umsetzen, Produkte
entwickeln, bepreisen, für sie werben und ihren Vertrieb so ausgestalten,
dass möglichst viel verkauft wird.

Kotler und Levy gaben ihrem Aufsatz im Harvard Business Review
1971 nicht ohne Grund den Titel „Demarketing, yes, demarketing".
Sie wiederholten den Begriff Demarketing, um Missverständnisse zu
vermeiden. Demarketing? Ja, Sie haben richtig gelesen: *„Demarketing"*.
Damit heben sie den ungewohnt klingenden Begriff Demarketing
hervor. Die Autoren waren mit ihrem Aufsatz unter den Ersten, die
sich mit Marketingfragestellungen auseinandersetzten, die nicht der
„blinden" (Kotler & Levy, 1971, S. 74) Absatzsteigerung dienten,

A. Hesse, *Demarketing*, https://doi.org/10.1007/978-3-658-41787-1_1

sondern dem Marketing eine Rolle zuschrieben, die Nachfrage in verschiedene Richtungen zu lenken. Die Autoren nennen die Steuerung des Marketing-Mix zur Senkung und langfristigen Ausbalancierung der Nachfrage in verschiedenen Zielgruppen „kreatives Demarketing" *(creative demarketing)* (Kotler & Levy, 1971, S. 75). Damit weiten sie das Verständnis des Marketingbegriffs aus und machen deutlich, dass Marketing als Demarketing kreative, unkonventionelle, ungewöhnliche und unerwartete Ansätze umfassen kann und soll.

„Kaufen sie diese Jacke nicht!", „Kaufen sie weniger!", „Kaufen sie bessere Qualität und nutzen unsere Produkte auf ewig!", „Geben sie dieses Produkt an die nächste Generation weiter!", „Fliegen sie weniger!", „Shoppe mit Bedacht oder gar nicht." Bis heute fallen diese kreativen Ansätze auf, weil eben Wirtschaftsunternehmen dazu aufrufen, die gemeinhin dafür bekannt sind, immer mehr zu verkaufen und die Kurzlebigkeit von Produkten in den meisten Märkten zumindest in Kauf zu nehmen. Konsumkritische Werbebotschaften sind ein Phänomen, das seit Patagonias Ursprungskampagne in 2011 „Don't buy this jacket!" mit zunehmender Häufigkeit, aber immer noch selten auftaucht. Die wissenschaftliche Erforschung solcher Demarketingkommunikation, suffizienzorientierter Werbung beziehungsweise Antikonsumwerbung und ihrer Effekte auf Betrachterinnen und Betrachter ist über 50 Jahre nach der Begriffsprägung durch Kotler und Levy (1971) immer noch in den Kinderschuhen.

1.1 Gesamteinordnung: Vom Antikonsum bis zum Demarketing

Antikonsum beschreibt das Verhalten von Konsumentinnen und Konsumenten, auf Konsum zu verzichten (beispielsweise der Verzicht auf den Besitz eines Autos), wohingegen umweltbewusstes Konsumverhalten *(green consumerism)* die Nutzung von Ökologieorientierten Produkten (beispielsweise der Besitz eines Autos mit Elektromotor) beschreibt (Sekhon & Armstrong Soule, 2020). Black (2010) zeigt auf, dass Antikonsum als ein wichtiger Beitrag zur Nachhaltigkeit einer Volkswirtschaft betrachtet werden kann. Demonstrativer Antikonsum *(conspicious anticonsumption)* umschreibt Maßnahmen, die den Verzicht auf Konsum nach außen tragen (Sekhon & Armstrong Soule, 2020). Ein populäres Beispiel dessen ist der nordamerikanische Outdoor-Einzelhändler Recreational Equipment Inc. (REI), der 2017 eine Kampagne #OptOutside mit Online- und Offline-Aktivitäten nutzt, um den Verzicht auf Konsum am sogenannten Black Friday, ein vom Tech-Giganten Amazon etablierter Abverkaufstag, zu demonstrieren (Sekhon & Armstrong Soule, 2020). Über elf Millionen Nutzerinnen und Nutzer zeigten auf Instagram mit Posts, hochgeladenen Inhalten und dem Kampagnenhashtag Unterstützung; 1,4 Mio. Personen unterstützten eine Petition; 170 Geschäfte folgten dem Beispiel und zahllose Kunden zeigten den Kampagnenaufkleber auf Trinkflaschen, Fahrrädern und Autos (Sekhon & Armstrong Soule, 2020). Ein weiteres Beispiel sind Aufnäher („Patagonia Worn Wear"), die Kleidungsstücke als repariert markieren und von Patagonia angeboten werden (Sekhon & Armstrong Soule, 2020). In immer mehr Nationen (beispielsweise USA, Großbritannien, Finnland, Schweden) etabliert sich ein sogenannter „Buy Nothing Day", an dem Antikonsum als Konsumverhalten für einen Tag symbolisch aufgeladen wird, um gegen den immer häufiger zu beobachtenden „Überkonsum" zu demonstrieren (Buy Nothing Day, 2022).

Insbesondere, wenn Marken eine politische Stellung einbeziehen, kann es von Meinungsgegnern auch zu markenbezogenen temporären oder generellen Boykottaufrufen kommen, die dann einige Konsumentinnen und Konsumenten dazu bringen, ein Produkt oder eine Marke nicht mehr zu kaufen. Boddy (2014) berichtet von Boykotten französischen Weins in den USA im Kontext des Irakkrieges, den die USA anführten und die französische Regierung opponierte. Ähnliche Antikonsumreaktionen auf politische Stellungnahmen zeigten amerikanische Konsumentinnen und Konsumenten gegenüber der Marke Nike als diese den dunkelhäutigen Footballspieler Colin Kaepernick als Werbebotschafter einsetzte, um gegen Polizeibrutalität und Rassen-Ungleichheiten zu demonstrieren (Karkalis, 2018).

Wachstum ist implizites zentrales Element im erfolgreichen Marketing – diese Philosophie wurde entwickelt, als man von einem grenzenlosen Konsumpotenzial ausging (Cullwick, 1975). Die Infragestellung von Wachstum ist Ursprung des Demarketingkonzeptes in den 70er Jahren. „Degrowth" beschreibt die Reduzierung von Energie und weiteren Rohstoffen in einer Volkswirtschaft auf ein nachhaltigeres Niveau, das natürliche Ressourcenbestände nicht weiter aufbraucht (Hall & Wood, 2021). Degrowth ist dabei eine Art Ausbalancieren zwischen Ressourcenbestand und -nutzung und stellt weniger eine eigene Theorie dar als vielmehr eine Gegenbewegung gegen Wachstumstheorien. Demarketing lässt sich als aktiver Beitrag zu Degrowth-Ansätzen verstehen und einordnen (Varadarajan, 2014).

Sodhi (2011) diskutiert in diesem Zusammenhang die Frage, welchen Zweck Konsum an sich erfüllt. Sie verweist auf die historische Einordnung von Adam Smith (1776 zit. n. Sodhi, 2011), der Konsum als „einzigen Zweck und Endergebnis von Produktion" bezeichnete. Wirtschaftliches Wachstum ist im Geschäftsleben weiterhin ein Dogma, jedoch zeigen wissenschaftliche Studien, dass Kaufkraft und verfügbares Einkommen nur bedingt zur Zufriedenheit beitragen (Sodhi, 2011). Die Autorin verweist auch auf die Rede des amerikanischen Präsidenten Jimmy Carter, der anlässlich der weltweiten Energiekrise bereits 1979 dazu aufrief, Konsum temporär auf essenzielle Bereiche zu beschränken.

Das Suffizienz-Konzept umfasst im Kontext von Wachstumsgrenzen und Konsumentenverhalten Ansätze, die auf „eine absolute Senkung des Energie- und Ressourcenverbrauchs" (Heinrich & Müller-Christ, 2021, S. 185) durch die Konsumenten abzielen. Unternehmen, die suffizienznahe Zielgruppen adressieren, orientieren sich in ihrer kommunikativen Ansprache in der Nähe von Verzichtsaufrufen und vergleichbaren Demarketingbotschaften. Unter suffizienzfördernde Kommunikationspolitik lassen sich unternehmensseitige Botschaften einordnen, die zum vollständigen Verzicht auf bestimmte Produkte zugunsten der Umwelt und Ressourcenschonung aufrufen (Heinrich & Müller-Christ, 2021). Ein Beispiel ist die Kampagne des deutschen Outdoor-Ausstatters Vaude, der im Internet und in seinem Nachhaltigkeitsbericht für den Verzicht des Kaufs von Zelten mit der Botschaft „Don't buy this tent, rent it" wirbt (Heinrich & Müller-Christ, 2021,

S. 193). Die Kommunikation von Suffizienzbotschaften lässt sich nahe der Demarketingkommunikation einordnen. Suffizienzbotschaften sind dabei als diejenigen Botschaften zu verstehen, die zu vollständigem Verzicht auf Konsum aufrufen.

Gossen und Frick (2018) befragten 1626 Kundinnen und Kunden eines Online-Marktplatzes zu suffizienzorientiertem Konsum und zur Wahrnehmung von suffizienzorientierter Kommunikation. Die Autorinnen berichten von einer hohen Glaubwürdigkeit und positiven Wahrnehmung der Unternehmensmotivation. Die Abgrenzung des Begriffs Suffizienz zum Demarketing besteht darin, dass Suffizienz als Konzept eher auf einer übergeordneten Ebene angesiedelt ist und ein Wirtschaftsprinzip beziehungsweise eine grundsätzliche Strategie von Unternehmen beschreibt. Konsumentinnen und Konsumenten können sich suffizient verhalten, Unternehmen können suffizientes Verhalten unterstützen (etwa durch entsprechende Sortimentspolitik oder Lieferregelungen). Unternehmen können dabei auch zu Suffizienz-orientiertem Konsum aufrufen (etwa in dem sie entsprechende Botschaften in ihre Unternehmenskommunikation und Werbung integrieren). Demarketing hingegen ist konkreter, nämlich die gezielte Lenkung von Nachfrage und Konsum, im Interesse von privaten oder öffentlichen Organisationen, auf der Ebene der Marketingzielsetzungen.

Griese und Halstrup (2013) unterscheiden die Begriffe Effizienz- und Konsistenzstrategie von der Suffizienzstrategie. Effizienzstrategien nutzen den effizienten Umgang mit Ressourcen, um umweltschädliche Auswirkungen zu reduzieren. Im Vordergrund der Unternehmenskommunikation stehen Botschaften wie „ressourcenschonend", „CO_2-neutral", „FCKW-frei", „energiesparend" und weiteren Optimierungen, die eher auf den Beschaffungs- und Produktionsprozess ausgerichtet sind, weniger auf den Konsum an sich (Griese & Halstrup, 2013). Gleiches gilt für konsistenzorientierte Strategien, die den Umgang mit Ressourcen in Wirtschaftskreisläufen hervorheben. Hier stehen Botschaften wie „aus 100 % recyceltem Material" im Vordergrund der Unternehmenskommunikation (Griese & Halstrup, 2013). Solche Kreislauf-orientierten Ansätze stehen oft in Konkurrenz zur Nachfrage nach Neuprodukten, die im Interesse der Hersteller prioritär ist. In der Automobilbranche versuchen Hersteller und Händler ihren Neuwagen- und Gebrauchtwagenabsatz aktiv zu steuern. In den 2020er Jahren sind entsprechende Geschäftsmodelle in verschiedenen Industrien erkennbar: Unternehmen wie Rebuy, Backmarket oder Refurbed bieten wiederaufbereitete Smartphones zum Verkauf an; Amazon, Medimops und Rebuy etablieren den Verkauf von gebrauchten Büchern und selbst Fast-Fashion-Anbieter wie H&M nehmen Altware an und versprechen Recycling. Suffizienzorientierte Unternehmenskommunikation hingegen fokussiert den Verzicht auf Konsum, also eher eine Verhaltensänderung. Die Kommunikation des Letzteren stellt entsprechende Botschaften wie „Kaufen Sie weniger" in den Vordergrund. Solche Aufrufe zur Verhaltensänderung lassen sich als Social Demarketing einstufen (Abschn. 2.8). In diesem Kontext lassen sich auch Geschäftsmodelle einordnen, die den Kauf von neuen Automobilen etwa durch Carsharing (beispielsweise Car2go, Drive now), Ridesharing (beispielsweise Uber, Lyft) oder Abonnement-Modelle (beispielsweise Sixt, Volvo) substituieren. Unternehmen wie Patagonia nutzen die zuvor genannten Strategien nebeneinander, indem sie beispielsweise Bekleidung mit „organic cotton" bewerben (Effizienzstrategie), Bekleidung aus recyceltem Polyester-Materialien anbieten (Konsistenzstrategie), bereits getragene Kleidung („Worn Wear") feilbieten (Konsistenz- und Suffizienzstrategie) und zum Nichtkauf („Don't buy this jacket") aufrufen (Green Demarketing).

Wenngleich eine distinkte Abgrenzung der verschiedenen Begriffe nicht zu 100 % gelingt, zeigt Abb. 1.1 einen Versuch, die Begrifflichkeiten auf den Ebenen der Märkte, der Organisationen und der Konsumentinnen und Konsumenten voneinander abzugrenzen und zu strukturieren. De-Growth und Suffizienz bezeichnen eher Ansätze des Wirtschaftens. Antikonsum oder umweltbewusstes Konsumverhalten umfassen hingegen eher Verhaltensansätze von Konsumentinnen und Konsumenten. Schlussendlich liegt der Fokus dieses Buches dazwischen, sozusagen auf einer Makroebene, auf den Aktivitäten von Unternehmen, öffentlichen und anderen Organisationen, die mit Demarketing und Social Marketing gezielt auf die einseitige Ausrichtung des Marketings auf die Steigerung von Nachfrage reagieren. Social Marketing kann dabei als Sozialmarketing übersetzt werden,

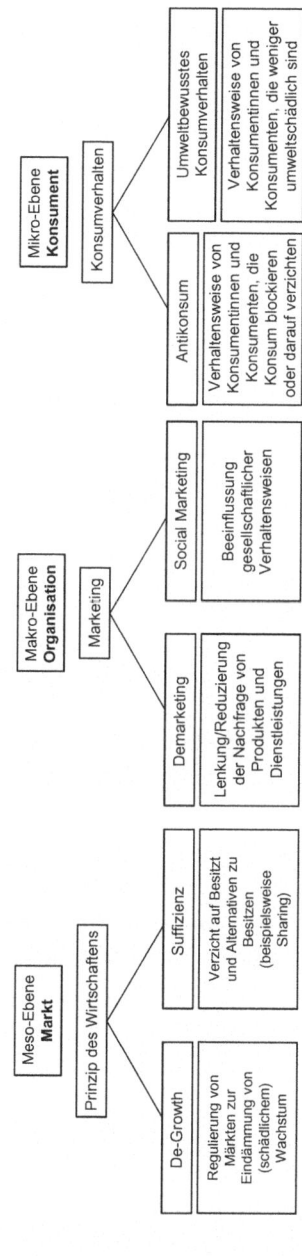

Abb. 1.1 Gegenbewegungen zur Nachfrageanregung im Marketing. (Quelle: Eigene Erstellung)

worunter man die Anwendung von Marketingtechniken zwecks einer Veränderung von gesellschaftlichem Verhalten versteht (siehe Abschn. 2.8).

1.2   Fokus und Methodik dieses Buches

Der Fokus dieses Buches liegt auf zwei Teilen: zum einen auf einem tiefgehenden Verständnis und einer klarer Begriffsabgrenzung des Demarketingkonzeptes (Teil 2). Und zum anderen geht es im Anschluss daran um die Nutzung von Demarketing in der Markenkommunikation und die damit verbundenen Wahrnehmungsmuster durch Konsumentinnen und Konsumenten (Teil 3). Den Abschluss bildet dann eine Synthese, die übergreifend Wahrnehmungsmuster verschiedener Demarketingtypen interpretativ diskutiert und Schlussfolgerungen auf mögliche Erfolgsfaktoren anbietet.

Das Buch bietet Antworten auf folgende Fragen:

- Welche Typen von Demarketing gibt es und wie lassen sich diese eingrenzen? Welche Literatur liegt im englisch- und deutschsprachigen Raum dazu vor?
- Wie unterscheiden sich unterschiedliche Demarketingtypen? Welche Dimensionen zur Unterscheidung gibt es?
- Welche Wahrnehmungsmuster zeigen Konsumentinnen und Konsumenten in Bezug auf die Kommunikation verschiedener Demarketingtypen? Lassen sich dabei wiederkehrende Muster als typische Reaktionen erkennen und klassifizieren?
- Wie können markenseitige werbliche Aufrufe zu weniger Konsum des beworbenen Objektes so gestaltet werden, dass sie positiver wahrgenommen werden? Welche darüber hinausgehenden Erkenntnisse sind wichtig für die praktische Umsetzung von Demarketing?

Der Fokus dieses Buches liegt also auf Typen, Ausprägungsformen von und Reaktionen auf Demarketing, die sich in der Marken- oder Marketingkommunikation erkennen und beobachten lassen. Eine Untersuchung tatsächlicher umweltpolitischer Positionen von

Unternehmen oder eine Untersuchung der tatsächlichen Auswirkungen auf Konsumverhalten erfolgt nicht.

Leser und Leserinnen sollen klar verstehen, was Demarketing ist und was es nicht ist. Dazu gehört es, auch, die Leserschaft in die Lage zu versetzen, Demarketingansätze einzuordnen und beispielsweise Gemeinsamkeiten mit und Unterschiede zu Sozialmarketing zu erkennen.

Der Autor des vorliegenden Buches argumentiert basierend auf einer umfassenden Literaturrecherche der englisch- und deutschsprachigen Literatur zum Thema Demarketing und damit verbundenen Ansätzen. Dabei werden sowohl konzeptionelle Literaturbeiträge berücksichtigt als auch Forschungsstudien, die sich mit der Wahrnehmung und Wirkung von Demarketing beschäftigen. Die Berücksichtigung von Marketingliteratur geht über den konzeptionellen Rahmen des Demarketings hinaus, sodass auch grundlegende Modelle der Werbewirkungsforschung und des Konsumentenverhaltens Einfluss in die Argumentation erhalten. Der Autor versucht dabei durchgehend Beispiele aus der internationalen und nationalen Geschäftswelt zu nutzen, um die literaturbasierte Argumentation zu veranschaulichen.

Mit Blick auf die Konsumentenwahrnehmungen und Auswirkungen von Demarketingkommunikation nutzt der Autor Primärdatenerhebungen, die im Rahmen von wissenschaftlichen Abschlussarbeiten unter seiner Leitung und Supervision an der Hochschule Koblenz zwischen 2019 und 2022 durchgeführt wurden.[1] Zu verstehen, wie Konsumenten Demarketingbotschaften wahrnehmen, welche Wahrnehmungsmuster zu erkennen sind, welche Emotionen und ad-hoc Reaktionen hervorgerufen werden, dient dabei einer tiefergehenden Untersuchung des Phänomens Demarketing. Dementsprechend werden primär qualitative Forschungsmethoden eingesetzt (Belk et al., 2013). Mit diesem explorativen Ansatz werden Daten induktiv durch Interviews, Fokusgruppendiskussionen und Beobachtungen erhoben

---

[1] Der Autor bedankt sich an dieser Stelle ausdrücklich bei den Studierenden, die in ihren wissenschaftlichen Abschlussarbeiten die empirischen Grundlagen für wertvolle Argumente geliefert haben.

und mittels qualitativer Inhaltsanalyse analysiert (Gioia et al., 2012; Mayring, 2004). Insbesondere werden dabei offene teilstrukturierte Interviews mit Konsumentinnen und Konsumenten geführt, die bestimmte Konsumgüter nutzen beziehungsweise eben diesem Konsum nahe sind (Arsel, 2017). Der Autor setzt dabei auf Fallstudien, in denen Forscherinnen und Forscher qualitative Daten bis zu jeweils einem Punkt der theoretischen Sättigung erheben (Eisenhardt & Graebner, 2007). Folglich wird die Zahl der Interviews beschränkt, wenn Forscherinnen und Forscher den Eindruck gewinnen, dass zusätzliche Datenerhebungen keinen zusätzlichen inhaltlichen Mehrwert in Aussicht stellen. Dabei geht es dem Autor demnach nicht darum, Hypothesen zu entwickeln und zu überprüfen, sondern grundlegender zu verstehen, welche Demarketingtypen es gibt, wie sich diese abgrenzen lassen und welche Konsumentenreaktionen Demarketing hervorruft. Quantitative Belege und Argumentationen, die auf Häufigkeiten beruhen, spielen dabei eine untergeordnete Rolle. Abschließend schlussfolgert der Autor basierend auf dem methodischen Ansatz der Metaanalyse in einer Synthese, die die vorliegenden empirischen Studien zur Konsumentenwahrnehmung übergreifend berücksichtigt. Wenngleich die Erkenntnisse auf qualitativ erhobenen und analysierten Daten beruhen, bietet der Autor praxisnahe Schlussfolgerungen an, die Marketingmanager und Werbetreibende für die zukünftige Ausgestaltung von Demarketingansätzen in der Markenführung einsetzen können.

Literatur

Arsel, Z. (2017). Asking questions with reflexive focus: A tutorial on designing and conducting interviews. *Journal of Consumer Research, 44*, 939–948.
Belk, R., Fischer, E., & Kozinets, R. V. (2013). *Qualitative consumer & marketing research*. Sage.
Black, I. (2010). Editorial – Sustainability through anti-consumption. *Journal of Consumer Behaviour, Nov.-Dec., 9*, 403–411.
Boddy, C. (2014). Countermarketing case studies. In N. Bradley & J. Blythe (Hrsg.), *Demarketing* (S. 81–97). Routledge.

Buy Nothing Day. (2022). Buy nothing day history. https://www.buynothingday.co.uk/. Zugegriffen: 30. Nov. 2022.

Cullwick, D. (1975). Positioning demarketing strategy: Marketers must integrate the changes in the business environment into effective new product, pricing, distribution, and promotion strategies. *Journal of Marketing, 39*(2), 51–57.

Duden. (o. J.). *de*. https://www.duden.de/rechtschreibung/de. Zugegriffen: 30. Nov. 2022

Eisenhardt, K. M., & Graebner, M. E. (2007). Theory building from cases: Opportunities and challenges. *Academy of Management Journal, 50*(1), 25–32.

Gioia, D. A., Corley, K. G., & Hamilton, A. L. (2012). Seeking qualitative rigor in inductive research: Notes on the Gioia methodology. *Organization Research Methods, 16*(1), 15–31.

Gossen, M., & Frick, V. (2018). Brauchst du das wirklich? – Wahrnehmung und Wirkung suffizienzfördernder Unternehmenskommunikation auf die Konsummotivation. *Umweltpsychologie, 22*(2), 11–32.

Griese, K.-M., & Halstrup, D. (2013). Umsetzung einer suffizienzorientierten Unternehmenskommunikation und die Bedeutung der Stakeholder: Ansätze und Empfehlungen. *UmweltWirtschaftsForum, 21*(1), 59–64.

Hall, C. M., & Wood, K. J. (2021). Demarketing tourism for sustainability: Degrowing tourism or moving the deckchairs on the titanic? *Sustainability, 13*(3), 1585–1600.

Heinrich, A., & Müller-Christ, G. (2021). Unternehmen kommunizieren Suffizienz-Beispiele aus der Praxis für die Förderung eines genügsamen Konsums. In W. Wellbrock & D. Ludin (Hrsg.), *Nachhaltiger Konsum* (S. 185–207). Springer Gabler.

Hwang, C. G., Lee, Y., Diddi, S., & Karpova, E. (2014). "Don't buy this jacket": Effects of anti-consumption advertisement on consumer attitude and purchase intention of apparel products. In *Proceedings of 2014, International Textile and Apparel Association #71*.

Hwang, C. G., Lee, Y., Diddi, S., & Karpova, E. (2016). "Don't buy this jacket": Consumer reaction toward anti-consumption apparel advertisement. *Journal of Fashion Marketing and Management, 20*(3), 435–452.

Karkalis, A. (2018). Die Kraft der Haltung. https://www.horizont.net/marketing/kommentare/nike-kampagne-mit-colin-kaepernick-die-kraft-der-haltung-169457. Zugegriffen: 30. Nov. 2022

Kotler, P., & Levy, S. J. (1971). Demarketing, yes, demarketing. *Harvard Business Review, 49*(6), 74–80.

Mayring, P. (2004). Qualitative content analysis. *Forum Qualitative Social Research, 1*(2), 20.

Sekhon, T. S., & Armstrong Soule, C. A. (2020). Conspicuous anticonsumption: When green demarketing brands restore symbolic benefits to anticonsumers. *Psychological Marketing, 37*, 278–290.

Sodhi, K. (2011). Has marketing come full circle? Demarketing for sustainability. *Business Strategy Series, 12*(4), 177–185.

Varadarajan, R. (2014). Toward sustainability: Public policy, global social innovations for base-of-the-pyramid markets, and demarketing for a better world. *Journal of International Marketing, 22*(2), 1–20.

2

Demarketingtypen

Im Kap. 2 des Buches erklärt der Autor den Begriff Demarketing umfassend. Aus einem intensiven Literaturüberblick entsteht eine Demarketingtypologie, die bis dato nicht in der englisch- oder deutschsprachigen Literatur vorlag. Die Diskussion der Begriffsvarianten und die daraus entwickelte Typologie ermöglichen ein grundlegendes Verständnis des Begriffs und sollen einen Überblick über die Begriffsverwendung in der Praxis geben.

Demarketing umschreibt Versuche, Kundennachfrage generell oder die Nachfrage bestimmter Kundengruppen zeitweise oder dauerhaft zu *ent*mutigen (Kotler, 1973). Diese „umgekehrte" Form des Marketings ist die Kunst, Kunden zu *ent*mutigen anstatt sie zu „ermutigen" (Kotler, 1973, S. 47). Es ist eine vielgestaltige Liste von Gründen, warum Unternehmen die Nachfrage nach einem Produkt oder einer Produktkategorie reduzieren oder begrenzen wollen und nach Demarketingmaßnahmen greifen. Die „Wahrung und Schaffung von Exklusivität, die Überwindung von Kapazitätsengpässen, die Beendigung unprofitabler Kundenbeziehungen" (Schubert & Uhrich, 2018, S. 315) oder auch die generelle oder temporäre Existenz zu hoher und zugleich schädlicher Nachfrage sind Beispiele, für die das

A. Hesse, *Demarketing*, https://doi.org/10.1007/978-3-658-41787-1_2

sogenannte Demarketing als Lösungsansatz infrage kommen kann. Besondere Bedeutung gewannen Demarketingansätze dabei, Massentourismus umzulenken und dessen negative Auswirkungen auf die Umwelt abzumildern (Hall & Wood, 2021). Meist liegt dabei die Ursache des Massentourismus in Nachfrageüberhängen. Darüber hinaus kommen jene Ansätze hinzu, in denen Unternehmen Marken explizit mittels Demarketing als verantwortungsbewusst positionieren und differenzieren möchten (Gerstner & Hess, 1993). Das Ziel, ein Markenimage als besonders umweltbewusst aufzubauen oder die Nachfrage im Markt auf die eigene Produktlinie in Konkurrenz zu umweltschädlicheren Wettbewerbsangeboten auszurichten, sind dabei in den frühen 2020er Jahren immer häufiger auftretende Beispiele.

Im Folgenden werden im vorliegenden Werk generelles, selektives, ostensibles Demarketing, Green Demarketing, Countermarketing, Synchromarketing, Social Demarketing und Corporate Social Demarketing explizit vorgestellt. Den Abschluss des 2. Teils des Buches bildet eine übersichtliche Verdichtung der Demarketingtypologie sowie eine praxisorientierte Betrachtung, wie Demarketing absatzpolitisch eingesetzt wird.

2.1 Begriffsursprung und -hintergrund

Erste Material- und Ressourcenknappheiten in den 1970er Jahren führten dazu, dass die Aufgaben von Marketern und Werbetreibenden aus geschäftlicher und sozialer Perspektive neu akzentuiert wurden (Cullwick, 1975). Immer öfter entstanden Situationen, in denen es galt, Konsumentinnen und Konsumenten zu weniger Konsum aufzurufen, etwa um soziale Interessen (temporär) in den Vordergrund zu rücken oder Verhaltensänderungen in der Gesellschaft zu initiieren und zu fördern (Cullwick, 1975). Der Begriff Demarketing hat einen eindeutigen Ursprung in Kotler und Levys Aufsatz (1971) „Demarketing, yes, demarketing". Die Autoren stellen in ihrem Artikel einen konzeptionellen Rahmen für den „Umgang mit der Entmutigung von Kunden" (S. 75) vor. Hintergrund dessen ist der Ansatz, „der blinden Konstruktion von Absatzsteigerungen" eine Nachfrageaussteuerung entgegenzusetzen, „die konform mit langfristigen Zielen" (Kotler & Levy, 1971, S. 74) ist. Da in diesem Sinne Marketingaktivitäten nicht nur als nachfrageanregend, sondern auch als nachfragekontrollierend und in einigen Fällen nachfragereduzierend verstanden werden können, wird die Aufgabe von Marketingmanagement in der Aussteuerung der Intensität, des Zeitpunktes und der Ausrichtung von Nachfrage nach einem oder mehreren Produkten einer Organisation gesehen (Kotler, 1973).

Bei der bewussten Eingrenzung oder Eindämmung von Nachfrage kann es zu ethisch fragwürdigen Fällen aber auch zu völlig nachvollziehbaren Anwendungsszenarien kommen. In einigen Fällen kann es sein, dass sich Kundinnen und Kunden „unfair" behandelt, ausgeschlossen oder „diskriminiert" fühlen (Kotler, 1973, S. 47). Dabei geht es in der Regel um den Ausschluss von Kundengruppen im Rahmen des selektiven Demarketings (Abschn. 3.7). Ist es ethisch unbedenklich, gesundheitsfördernde Nahrungsergänzungsmittel so zu bepreisen, dass nur bestimmte Bevölkerungsschichten sich diesen Konsum leisten können? Werden ältere Menschen bewusst vom Zugang zu Produkten und Dienstleistungen ausgeschlossen, die nur online und digital verfügbar sind? Kann man Supermarktkunden, die für eine Großfamilie einkaufen und eine lange Anreise vom Land in die Stadt haben, untersagen ein Dutzend Großpackungen Toilettenpapier zu kaufen und auf die Produktknappheit aufgrund von pandemiebedingten Hamsterkäufen verweisen? Diese und weitere Fragestellungen wirft der Einsatz von Demarketing auf.

Der Ursprung des Konzeptes als Gegenbewegung ist prägnant, wird aber im ursprünglichen Aufsatz nur bedingt konzeptionell untermauert und begrifflich eher nur grob abgegrenzt. Schubert und Uhrich (2018) ordnen Demarketing demnach als „kein kohärentes, in sich geschlossenes Konzept [ein,] das erhebliche Unschärfen aufweist" (S. 316). Die Folge daraus sind Definitions- und Abgrenzungsprobleme, die bis heute nur bedingt aufgelöst wurden. In der Literatur fallen Bradley und Blythe (2014b) auf, die 2014 eine englischsprachige Bestandsaufnahme verschiedener Ausprägungen von Demarketing bieten und gleichsam ebenso auf die konzeptionelle Unschärfe des Ursprungskonzeptes hinweisen. Daneben ist der systematische Literaturüberblick über den Zeitraum von 1971 bis 2014 von Quinones

Cintrón et al. (2017) zu nennen, der die Evolution des Konzeptes chronologisch beschreibt und praktische Anwendungsfälle vorstellt, wie das Demarketingkonzept Nachfrage reguliert. Der Schwerpunkt der akademischen Auseinandersetzungen in der ersten Dekade liegt laut den Autoren des Literaturüberblicks auf der Existenz des Ansatzes an sich, der eher als Gegenbewegung zur monofokussierten Ausrichtung auf Umsatzwachstum und Absatzsteigerung zu verstehen ist (Quinones Cintrón et al., 2017). Eine zusätzliche anschlussfähige Literaturanalyse des Zeitraums 2014–2022 zeigt in diesem Zeitraum zahlreiche Demarketingfallstudien, die die Wirkung von Demarketingansätzen auf Konsumenten und damit die Herleitung von Erfolgsfaktoren thematisieren (Hesse & Rünz, 2020; Hwang et al., 2016; Kim et al., 2018; Reich & Armstrong Soule, 2016).

Demarketing kann auch als Ansatz verstanden werden, der die Segmentierungstheorie im Marketing komplementiert, nach der die Bedürfnisse bestimmter ausgewählter Marktsegmente und Kundengruppen in besonderem Maße mehr *oder* weniger zu befriedigen sind. In diesem Verständnis ist Demarketing – im Speziellen selektives Demarketing – die „Kehrseite der Segmentierung" (Bradley & Blythe, 2014a, S. 1) und stellt sicher, dass ausgewählte Marktsegmente und unerwünschte Kundengruppen von der Bedürfnisbefriedigung temporär oder gänzlich ausgeschlossen werden können.

Der Begriff des Demarketings wird in verschiedenen Quellen als eine Ausprägung des Sozialmarketings *(Social Marketing)* eingeordnet. Dies liegt darin begründet, dass zahlreiche Anwendungsfälle von Demarketing, insbesondere in den frühen Entstehungsjahren Nachfragereduzierungen und Verhaltensänderungen hinsichtlich weniger Verbrauch und weniger Konsum intendierten. In diesen Fällen ist Demarketing ein Anwendungsfall von Social Marketing (Abschn. 2.8). In der Literatur werden unter anderem die Begriffe Exit-Marketing und Reduktionsmarketing synonym verwendet (Blömeke & Clement, 2009; Bruhn et al., 2013). Bruhn et al. (2013) erklären, dass Reduktionsmarketing darauf abzielt, die Nachfrage nach einem (z. B. umwelt- oder gesundheitsschädlichen) Produkt vor allem durch kommunikationspolitische Maßnahmen zu verringern. Darüber hinaus bietet Demarketing Lösungsansätze, um das Paradoxon steigenden Konsums und endlicher natürlicher Ressourcen aufzulösen (Bradley & Blythe, 2014a).

2.2 Generelles Demarketing

Kotler und Levy (1971) sprechen von generellem Demarketing *(general demarketing)*, wenn ein Anbieter bestrebt ist, die Nachfrage für alle Kunden dauerhaft oder temporär zu senken, da diese zu hoch ist. Dabei ist nicht angegeben und daher für die Konzeption des Begriffs nicht eingrenzend, ob es einen Nutzen gibt, welchen Nutzen und welche Ursache die Nachfragesenkung hat. Paradebeispiele dieser Form von Demarketing sind Versorgungsunternehmen, die etwa aufgrund von Wasserknappheit in Werbekampagnen zur Reduktion des Wasserverbrauchs aufrufen. Der Absender einer solchen Werbekampagne kann eine privatwirtschaftliche Organisation oder ein öffentlicher Anbieter sein. Die Maßnahmenumsetzung des Demarketingansatzes kann mittels Kommunikationsmaßnahmen oder anderer absatzpolitischer Instrumente erfolgen (Kotler & Levy, 1971). Beispiele sind Preiserhöhungen, Liefereinschränkungen oder Produktanpassungen. Etwa wenn in der Tourismusbranche saisonale Nachfrageüberhänge und Kapazitätsengpässe durch preisliche Maßnahmen ausbalanciert werden und sich auf diese Weise preissensible Zielgruppen überzeugen lassen, in der Nebensaison Urlaub zu machen (Medway et al., 2011).

Temporäre Ressourcen- oder Produktengpässe sind beispielhafte Szenarien, die generelles Demarketing in Unternehmen auslösen können. Dazu gehört etwa eine hohe Nachfrage nach innovativen Produkten (beispielsweise das iPhone 1 im Jahr 2007 oder die Sony Playstation 5 im Jahr 2021). Die betroffenen Unternehmen reagieren in der Regel mit einer Ausweitung der Produktionskapazitäten, einem Abbremsen der Nachfrage durch den Verzicht auf absatzfördernde Maßnahmen, einer gezielten Verteilung der Produkte und einer entsprechend gedämpften begleitenden Kommunikation. Die verschiedenen Optionen im Demarketingmix sind im Abschn. 2.11 exemplarisch zusammengefasst. Kurzfristig bieten sich betroffenen

Unternehmen diverse Möglichkeiten, die Verteilungsentscheidungen des knappen Gutes zu treffen (Kotler & Levy, 1971, S. 76):

a) „First-come-first-serve", das heißt das Unternehmen bedient diejenigen Kundinnen und Kunden zuerst, die zuerst einen Auftrag erteilt haben.

b) „Proportional demand", das heißt das Unternehmen verteilt die Gesamtmenge der vorhandenen Produkte prozentual fair anhand der Auftragsvolumina der Kundinnen und Kunden.

c) „Favored customer", das heißt das Unternehmen verteilt anhand des Kundenwertes zuerst an besonders wertvolle und wichtige Kundinnen und Kunden.

d) „Highest bid", das heißt das Unternehmen verteilt an diejenigen Kundinnen und Kunden, die den höchsten Preis bezahlen.

Welche Priorisierungsformel für ein Unternehmen die richtige ist, hängt auch von der Frage ab, ob Unternehmen eher auf Basis langfristiger oder kurzfristiger Ziele entscheiden. Wenn beispielsweise die langfristige Beziehung zwischen Kunden und Unternehmen im Vordergrund steht, raten Kotler und Levy (1971) dazu, die Entscheidungsformel einzusetzen, die am wenigsten Enttäuschung erzeugt.

Verschiedene Situationen können eine Nachfrage erzeugen, die sozusagen „chronisch" (Kotler & Levy, 1971, S. 77) zu hoch ist. Touristische Destinationen können bedroht sein, da langfristig zu viele Besucher die Ursprünglichkeit und Natur der Destinationen zerstören. Noch heute steht beispielsweise die Altstadt von Venedig jährlich vor Besucherströmen, die die Fundamente der örtlichen Gebäude bedrohen und zu einem Verbot der Zufahrt von großen Kreuzfahrtschiffen in die Bucht von Venedig geführt haben. Eine zweite Situation zu hoher Nachfrage ergibt sich etwa im Falle von Sportveranstaltungen zu denen zehntausende Interessenten ohne Eintrittskarte anreisen und mit hohem Aufwand „bedient" werden müssen.

Ein weiteres Anwendungsszenario des generellen Demarketings ist die Nachfrage von Produkten, die am Ende ihres Lebenszyklus sind und bald vom Markt genommen werden sollen. Die Nachfrage der verbliebenen Kunden ist zu bedienen und muss zugleich umgelenkt werden. So versuchen beispielsweise Softwareanbieter solche Kunden, die Software mit auslaufender Serviceleistung, davon zu überzeugen die Nachfrage einzustellen, den Service zu kündigen und eine Nachfolgeangebot anzunehmen.

Skinner (2014) beschreibt Umsetzungen (siehe Abschn. 2.11) von sektoralem Demarketing *(sectoral demarketing)* hinsichtlich der generellen Nachfrageeindämmung in Marktsektoren (am Ende des Produktlebenszyklus) versus einer Nachfragesteigerung in Marktsektoren substituierender Produkte (am Anfang des Produktlebenszyklus). Solche Beispiele lassen sich heute beobachten, etwa wenn in der fleischverarbeitenden Industrie Wurstprodukte mit generellen Demarketingansätzen niedriger priorisiert und Fleischsubstitute der gleichen Marke höher priorisiert werden. Beispielsweise nutzt die Marke Rügenwalder Mühle diesen Ansatz zur strategischen Repositionierung ihres Angebotsportfolios und Geschäftsmodells. Gleiches lässt sich bei Tabakwaren und ihren Substituten (beispielsweise rauchfreie Tabakerhitzer IQOS von Philipp Morris) und in der Automobilindustrie (Automobile mit Verbrennungsmotor versus Automobile mit elektronischem Antrieb) erkennen. Produktlinien ohne weitere strategische Bedeutung werden in der Vermarktung depriorisiert und nicht weiter aktiv beworben, um durch den Verzicht auf ein Anregen der Nachfrage nach Auslaufmodellen, die Nachfrage auf strategisch bedeutendere Produktlinien umzulenken. Demarketing der Auslaufmodelle ist dann zugleich eine Unterstützung des Marketings der Innovationsmodelle.

2.3 Selektives Demarketing

Nicht immer sind alle Kunden eines Unternehmens gleichermaßen im Visier von Demarketingansätzen. Ziel des sogenannten selektiven Demarketing ist die Reduktion der Nachfrage insbesondere solcher Kundengruppen, die unprofitabel und daher unerwünscht sind (Kotler & Levy, 1971). Dabei sind Unternehmen gesetzliche und ethische Grenzen gesetzt. Unternehmen können sich ihre Kundinnen und Kunden nicht beliebig aussuchen. Mit anderen Worten sind einer Diskriminierung etwa von übergewichtigen Kundinnen und Kunden im All-you-can-eat-Restaurant oder von Familien im Wellness-Hotel rechtliche Grenzen gesetzt. Dennoch versuchen Unternehmen mit absatzpolitischen Maßnahmen ihre Produkte und Services an diejenigen Kundinnen und Kunden zu bringen, die am besten zu Marke und Produkt passen. Denn Kundinnen und Kunden, die nicht zum Produkt passen, würden eventuell schlecht über das Produkt oder den Service reden – und dies in einem Zeitalter, in dem Mund-zu-Mund-Propaganda, insbesondere elektronisch in sozialen Netzwerken, wichtiger denn je ist. Gleichsam verursachen unpassende Kundinnen und Kunden häufig zusätzliche Kosten, die die Wirtschaftlichkeit von Dienstleistungen infrage stellen beziehungsweise unprofitabel machen. Unpassende oder „unerwünschte Kundinnen und Kunden" sind demnach aktiv mittels Maßnahmen des selektiven Demarketing auszuschließen. Zu den Maßnahmen des selektiven Demarketings gehören legale Zugangsbeschränkungen, Verzicht auf freiwillige Zusatzleistungen für bestimmte Kundengruppen und eine gezielte Kundenansprache. Dawes Farquhar (2014) bietet einen Literaturüberblick zu selektivem Demarketing in verschiedenen Märkten und unter Berücksichtigung unterschiedlicher Organisationstypen einschließlich nichtkommerzieller Organisationen. Mai et al. (2014) strukturieren den Prozess des selektiven Demarketings in vier Phasen: 1) eine grundlegende Analyse der Kundenstruktur, 2) die strategische Entscheidung, welche Kundengruppen abgewiesen werden sollen, 3) konkrete Maßnahmen, wie zu verfahren ist und 4) die Konsequenzen der Maßnahmen vonseiten der betroffenen Kunden. Die Autoren heben hervor, dass Unternehmen gut daran tun, die Identifikation der auszuschließenden Gruppen sorgfältig umzusetzen, da durch diese Entscheidung Betroffenheiten entstehen können. Als Konsequenz daraus gilt es, die notwendige kommunikative Ansprache sensibel vorzubereiten.

Kotler und Levy zeigten bereits 1971 auf, dass es kein „discriminatory demarketing" (S. 79) und somit keine Diskriminierung aufgrund beispielsweise Hautfarbe oder sozialem Status geben darf. 50 Jahre später nehmen immer Marken klar politische Positionen ein und zeigen ihre Haltungen gegenüber Themen wie Rassismus, Migration, Umweltpolitik, LGBTQ+ und vielen weiteren kontroversen

Themen (Schmidt et al., 2021). So bringen Markenunternehmen recht klar zum Ausdruck, aus welchen Meinungslagern „gewünschte" Kundengruppen kommen sollen. Auch diese Form der Ansprache kann als selektives Demarketing verstanden werden. Das amerikanische Markenunternehmen Nike signalisiert etwa durch das Engagement des von der amerikanischen Football-League ausgeschlossenen Spielers Colin Kaepernick als Werbebotschafter, dass die Marke den Protest von NFL-Spielern gegen Polizeibrutalität und Rassen-Ungleichheiten unterstützt (Karkalis, 2018). Die entsprechenden Kundenreaktionen waren deutlich: „Im Social Web veröffentlichen Kunden brennende Nike-Schuhe, der Aktienkurs sinkt und wie zu erwarten, kritisiert [der damalige US-Präsident] Trump das Unternehmen; Nike sende eine ‚furchtbare Nachricht.'" (Karaklis, 2018). Schmidt et al. (2021) zeigen auf, dass zahlreiche Marken dem Beispiel Nike folgen, sozialpolitische Stellung zu beziehen und dabei das Risiko in Kauf nehmen, Kundengruppen, die eine gegenteilige Stellung beziehen, als unerwünscht einzuordnen und damit zu selektieren.

Auch Gerstner und Hess (1993) verdeutlichen, dass selektives Demarketing den klaren Ausschluss bestimmter Kundengruppen beinhaltet. Folglich sind auch Maßnahmen, die unternehmensseitigen Marktsegmentierungen folgen – beispielsweise der Ausschluss von bestimmten Vertriebswegen mit schlechter Reputation – als selektives Demarketing zu verstehen. Gleiches gilt für den Ausschluss von Käufergruppen, die beispielsweise aufgrund von Produktknappheit gezwungen werden, eine limitierte Menge an Gütern zu kaufen. Dieses Beispiel wurde vor allem im Kontext der Coronapandemie alltägliche Wirklichkeit, da (vermeintliche) Produktknappheit zu Hamsterkäufen führte, sodass Einzelhändler sich gezwungen sahen Produkte zu rationieren. Kunden, die aus welchen Gründen auch immer, größere Mengen einkaufen wollten, wurden dabei ausgeschlossen (Abschn. 3.7).

Schubert und Uhrich (2018) ordnen selektives Demarketing als Lösungsansatz ein, wie Unternehmen der Notwendigkeit, sich von Kundengruppen trennen zu müssen, systematisch begegnen können. Diese Notwendigkeiten ergeben sich häufig im Dienstleistungssektor, etwa wenn Kundengruppen unprofitable Leistungen beanspruchen. Die Beendigung der Kundenbeziehung ist dabei nur eine Variante. Vielfach geht es eher um die Veränderung der Kundenbeziehung, sodass Kundinnen und Kunden ein Leistungsportfolio in Anspruch nehmen, welches zu ihrer Zahlungsbereitschaft passt. Gordon (2006) spricht dabei von einem sogenannten Beziehungsdemarketing *(relationship demarketing)*. In der Praxis kann dies auch bedeuten, dass Kundinnen und Kunden Dienstleistungen von anderen Unternehmen – häufig aus einem Unternehmensverbund – in Anspruch nehmen.

2.4   Ostensibles Demarketing

Ostensibles Demarketing setzt auf das sozialpsychologische Prinzip, dass Konsumentinnen und Konsumenten etwas umso mehr erwerben wollen, wenn es knapp erscheint und demnach nur schwer zu erwerben ist (Kotler & Levy, 1971; Croft, 2014). Augenscheinliche, manchmal vorgetäuschte Versuche eine Nachfrage zu reduzieren, sollen das Gegenteil erreichen, nämlich zu einem Anstieg der Nachfrage führen. Wenn Marketingverantwortliche dabei geplant handeln und die Nachfrage beispielsweise durch Aufrufe oder Zugangsbeschränkungen bewusst lenken, spricht Croft (2014) von strategischem Demarketing *(strategic demarketing)*.

Hinweise auf beschränkte Verfügbarkeit, beispielsweise, wenn ein Produkt vom Markt genommen wird oder potenzieller Nichtverfügbarkeit, beispielsweise bei der elektronischen Buchung von Flügen, oder die längere Wartezeit bei Bestellung eines neu produzierten Autos, sind Beispiele für ostensibles Demarketing. Folglich, wenn Güter oder Dienstleistungen knapp oder schwer zugänglich erscheinen und wenn Unternehmen dazu aufrufen, dies beim Kauf zu berücksichtigen, erzeugen Unternehmen psychologischen Druck, der zu erhöhter Nachfrage führt. Beispiele dafür sind häufig subtil und eher Interpretationen, die von der Wahrnehmung Einzelner abhängen. Etwa wenn Firmen zum Verzicht von bestimmten Produkten aufrufen, um dadurch die Nachfrage nach anderen, häufig neueren Produkten anzuregen. Die nachfolgend beschriebene Variante des Green Demarketing scheint häufig eine Ausprägung von ostensiblem Demarketing zu sein. Nämlich immer dann, wenn Unternehmen augenscheinlich zum Verzicht bestimmter Produkte einer bestimmten Kategorie zu Gunsten der Umwelt aufrufen und zugleich den Konsum des eigenen Produktes innerhalb dieser Kategorie anregen (siehe Abschn. 2.5).

Ostensibles Demarketing, im Deutschen am ehesten als „scheinbares Demarketing" zu bezeichnen, lässt sich meist nur vermuten, da Unternehmen eine künstliche oder scheinbare Knappheit eines Gutes erzeugen, um Interesse zu wecken und den Erwerb des Gutes als wertvoller erscheinen zu lassen. Die Begrenzung des Zugangs zum Gut soll dazu führen, dass Konsumentinnen und Konsumenten eher mehr kaufen und sich einen Vorrat anlegen (Gerstner & Hess, 1993).

Offensichtlich bietet ostensibles Demarketing den Anwendern Vorteile. In vielen Fällen kommt es zu zusätzlicher Berichterstattung über Demarketingkampagnen, demnach kostenloser Öffentlichkeitsarbeit, die zumindest der Bekanntheit des werbetreibenden Unternehmens zuträglich zu sein verspricht (Croft, 2014). Da Demarketingkampagnen eher selten sind, versprechen sie das beworbene Produkt als etwas Besonderes hervorzuheben, etwas, das nicht jedem zugänglich und daher außergewöhnlich ist. In vielen Fällen wecken solche Kampagnen Neugierde (Croft, 2014). Croft (2014) ordnet Aufrufe, die primär aufmerksamkeitserregend sind, als ostensible Demarketingaktionen ein, denn auch hier geht es vordergründig darum, Pressereaktionen oder Viralität in sozialen Netzwerken zu erzeugen. Botschaften wie „kaufen Sie nicht", „dieses Produkt ist verboten" oder „bitte nur kleine Mengen je Käufer, da das Gut sehr knapp ist" können dem Demarketingkonzept zugeordnet werden und sind in vielen Fällen auch als kontroverse Werbung, Schockwerbung oder provokative Werbung zu erkennen und zu klassifizieren.

Das Ziel dieser Form des Demarketings ist demnach eine Nachfragesteigerung durch eine gezielte, in vielen Fällen vorgetäuschte oder künstliche erzeugte, Verknappung des Gutes. Dieser Ansatz lässt sich auch und besonders im Luxusgütermarketing wiederfinden (Felsch & Wiese, 2008), etwa wenn Kunden Armbanduhren der Marke Rolex oder Handtaschen der Marke Hermès erwerben sollen. Eine augenscheinliche Knappheit macht das Produkt zu etwas ganz Besonderem und verspricht das Besondere auf den Käufer zu übertragen. Das gleiche Prinzip lässt sich vereinzelt im Konsumgüterbereich erkennen, wenn

Kunden jährlich nur zu einer bestimmten Zeit Mon Cheri mit der Piemontkirsche kaufen können oder wenn Kunden Vorreservierungen für neue Smartphone-Modelle erwerben. In der Regel geht es bei solchen künstlichen Verknappungen eines Gutes um die Aufladung und Darstellung als etwas Wertvolle(re)s und damit um eine Abgrenzung zu anderen Produkten mit weniger Wert. In diesem Sinne ordnen Gerstner und Hess (1993) Demarketing als Differenzierungsansatz ein. Es geht in den meisten Fällen nicht um Nachfragesenkung, sondern um Differenzierung.

McKechnie (2014) stellt ein außergewöhnlich erfolgreiches Beispiel für ostensibles Demarketing vor: Die britische Fluglinie British Airways nutzte die Olympischen Spiele 2012 in London, um sich zu repositionieren und ihre Nähe zum britischen Volk zu manifestieren. Der Kampagnenaufruf „Don't fly. Support Team GB" stand im Mittelpunkt der Kampagne, die der Rückgewinnung von Marktanteilen im heimischen Markt für Inlandsflüge diente (McKechnie, 2014). „Don't fly" war dabei nur ein vordergründiger Imperativ. Die wahre Botschaft war: „Bleiben Sie auf der Insel. Fliegen Sie nicht weg. Wenn Sie auf der Insel kurze Distanzen fliegen, fliegen Sie mit uns! Und wenn Sie in Zukunft fliegen, fliegen Sie wieder mit uns. Denn wir sind die britischste Fluglinie!" Die patriotische Kampagne wurde in klassischen Medien, sozialen Medien und mit Guerilla-Marketing-Aktivitäten ausgespielt und untermauerte das Sponsoringengagement der Fluglinie als offizieller inländischer Olympiasponsor erfolgreich (McKechnie, 2014).

Croft (2014) weitet die Begriffsdefinition von ostensiblem Demarketing aus und inkludiert solche Aktivitäten, bei denen Nachfrage eingedämmt oder begrenzt werden soll, dies aber ins Gegenteil (einen Nachfrageanstieg) umschlägt. Ein einschlägiges Beispiel ließ sich in den 80er Jahren beobachten, als Coca-Cola mit New Coke ein neues Kernprodukt einführen wollte (Intension Nachfragesteigerung) und zugleich die klassische Produktvariante vom Markt nehmen wollte (Intension Nachfragereduzierung). Die intendierte Nachfragereduzierung führte zum Gegenteil: Die Nachfrage nach Coca-Cola Classic stieg drastisch an und das neue Produkt wurde boykottiert. Kotler und Levy (1971) erwähnen bereits im ursprünglichen Aufsatz das unbeabsichtigte oder nicht-intendierte Demarketing (*unintentional demarketing).* In diesem Fall resultiert ein Nachfragerückgang aus einer Marketingaktivität, die eine Nachfragesteigerung zum Ziel hatte (Kotler & Levy, 1971). Hierbei handelt es sich um eine Form des Demarketings, die in der Praxis zu erkennen ist, aber weniger als Teil des aktiven Marketinginstrumentariums verstanden werden sollte.

Wenn beispielsweise behördliche Organisationen ins Spiel kommen und Marketingoptionen einschränken, spricht Croft (2014) von Demarketing durch Dritte *(third-party demarketing)* (Croft, 2014, S. 152). So wurden in Deutschland bestimmte Red-Bull-Varianten verboten, um die Nachfrage einzuschränken. Ein Effekt dieser Verknappung war das Ansteigen der Nachfrage. In der Musikbranche lässt sich der gleiche Mechanismus erkennen: Das Verbot von bestimmten Stücken eines Künstlers, beispielsweise Icke Hüftgold, Sex Pistols, Louis Armstrong, Frank Zappa, the Beatles und Pink Floyd (Croft, 2014) führt zu einem messbaren Nachfrageanstieg. Murray (1997) spricht hier von sogenanntem Sanktionsdemarketing *(sanctioned demarketing)* welches greift, falls das Angebot zwar ausreichend vorhanden ist, aber der Zugang dazu sanktioniert wird, da das Produkt in irgendeiner Form schädlich ist. Hier ist auch das sogenannte Strafdemarketing *(punitive demarketing)* einzuordnen, das ähnlich zum nachfolgend vorgestellten Countermarketing (Abschn. 2.6) Fälle beschreibt, in denen eine dritte Partei (beispielsweise ein Gesetzgeber) Strafen für Lieferanten oder Konsumenten gesundheitsschädlicher Produkte (beispielsweise illegale Drogen) ausspricht (Murray, 1997).

2.5 Green Demarketing

„Qualität statt Quantität" – diese Ausrichtung des Konsumverhaltens spricht nicht erst in jüngster Zeit sehr viele Konsumentinnen und Konsumenten an. Vorzugsweise seltener und etwas weniger kaufen und konsumieren, dabei aber mehr auf Qualität und Langlebigkeit achten – so oder ähnlich sind die „guten Vorsätze" vieler Konsumentinnen und Konsumenten (Gossen & Frick, 2018). Green Demarketing ist ein Ansatz, der auf diese Entwicklung reagiert und Marken eine Positionierung gegen den Konsumtrend sowie Kundinnen und Kunden ein gutes Gewissen beim Kauf bietet: „Kaufen sie weniger, aber wenn sie kaufen, kaufen Sie die sehr guten langlebigen Produkte unserer Marke!"

Ohnehin sind zahlreiche Unternehmen verschiedenster Branchen mehr und mehr unter Druck, den Erwartungen von Konsumentinnen und Konsumenten hinsichtlich ihrer gesellschaftlichen Verantwortung gerecht zu werden und diese zu demonstrieren. Dies nutzen Markenverantwortliche, um die Ökologie-orientierten Marketingaktivitäten *(green marketing)* der Unternehmen zu betonen und so die Unternehmensreputation gezielt zu schärfen (Chen, 2010). Green Demarketing (im deutschen am ehesten Ökologie-orientiertes Demarketing) kann als Corporate Social Responsibility (CSR)-Aktivität sowie gleichsam als Ökologieorientierte Marketingaktivität klassifiziert werden (Armstrong Soule & Reich, 2015; Kim et al., 2018). Visibel werden solche Demarketingaktivitäten in den meisten Fällen in Ökologie-orientierten Werbeanzeigen mit konsumkritischen Botschaften. Foxall (1995) schaffte einen ersten konzeptionellen Bezugspunkt für solche umweltorientierte Demarketingpraktiken: Aufrufe, weniger zu kaufen, zu verbrauchen oder zu verschwenden sind dabei typischerweise mit Appellen an gesellschaftliche Verhaltensänderungen verbunden (Social Marketing und Social Demarketing, siehe Abschn. 2.8). Armstrong Soule und Reich (2015) klassifizieren eher kommerziell intendierte Aufrufe dieser Art als sogenanntes Green Demarketing: ein strategischer Versuch von Marken (vordergründig) zum Schutz der Umwelt, den Konsum in einer Produktkategorie insgesamt zu reduzieren und zugleich die Käuferschaft zu ermutigen, mehr beziehungsweise nur noch Produkte der beworbenen Marke zu kaufen. Fast perfide suggerieren Markenunternehmen, dass sie weniger verkaufen möchten, wobei die subtile Zielsetzung ist, die Nachfrage auf die eigene Marke zu lenken, während zugleich aus gesellschaftlicher Sicht im optimalen Fall insgesamt weniger Produkte der jeweiligen Kategorie gekauft werden. Konsumentenseitige Bewegungen gegen Überkonsum sind in zahlreichen Produktkategorien, wie beispielsweise Fast Fashion, Fleisch, Haushaltsgeräte oder Smartphones erkennbar, während die Gesamtanzahl der Demarketingkampagnen weiterhin nur gering ist. So lässt sich auch mit Bezug auf Green Demarketing feststellen, dass obwohl Marketing, Markenkommunikation und Werbung im Kontext von oder zugunsten

von Ökologie, Umweltschutz, Naturschutz oder gegen den Klimawandel in den 2020er Jahren omnipräsent sind (Gonzalez-Padron,
2022), Green Demarketing immer noch eher selten ist.

Im Kontext dieses Buches sollen als Ökologieorientiertes Marketing
solche Formen verstanden werden, die Umweltelemente einsetzen oder
Botschaften im Kontext von Ökologie nutzen (Hartmann & Apaolaza-
Ibánez 2009). Green Demarketing umfasst dabei solche absatzpolitische
Instrumente, die auf die Reduzierung des Konsums auf Ebene der
Produktkategorie ausgerichtet sind, um gleichsam die Nachfrage nach
den eigenen Markenprodukten und die Positionierung der eigenen
Marke zu verbessern (Armstrong Reich & Soule 2015). Dabei wird
produktbezogenes Demarketing definitorisch nicht ausgeschlossen,
ist aber noch seltener zu erkennen und in sich noch widersprüch-
licher. Zweifelsohne ist Green Demarketing generell per Definition
nah an dem, was Kotler und Levy (1971) als ostensibles Marketing
vorstellten. Marken rufen zum Kaufverzicht auf Produktebene auf,
wobei wenn doch gekauft wird, dann idealerweise die mit Demarketing
beworbene Marke (Bradley & Blythe, 2014a). Wenn die Konsumkritik
und der Verzichtaufruf also vorgeschoben sind, um die Nachfrage nach
den eigenen Markenprodukten zu steigern, ist Green Demarketing
ostensibles Demarketing.

Varadarajan (2014) führt den Begriff Nachhaltigkeitsorientiertes
Demarketing *(sustainability-oriented demarketing)* ein und definiert
diesen Demarketingtypus als Nutzung von Marketingkonzepten,
-instrumenten und -techniken zur Abmilderung der Umweltauswirkungen des privaten oder öffentlichen Konsums durch Maßnahmen
wie das Einstellen der Produktion bestimmter Produkte und die
Konsumreduktion weiterer Produkte und die Umlenkung des
Konsums umweltschädlicherer Produkte auf weniger umweltschädliche Produkte. Sodhi (2011, S. 177) spricht in diesem Zusammenhang
von „Demarketing for sustainability" und zeigt auf, dass der Verzicht
auf viele Produkte langfristig tangible Auswirkungen auf die Umwelt
hat. Grinstein und Nisan (2009) nutzen den Begriff umweltfreund-
liches Demarketing *(pro-environmental demarketing)* zur Beschreibung
von Maßnahmen, die den Konsum öffentlicher Güter (beispielsweise
Trinkwasser) reduzieren. Murray (1997) spricht hier von Umwelt-

Demarketing *(environmental demarketing)*, welches die Reduzierung des Konsums oder der Nutzung von umweltschädlichen Produkten umschreibt. Als Beispiel lassen sich die Umstellung auf Papierverpackungen in der Fast-Food Industrie oder auf Papiertüten im Lebensmitteleinzelhandel nennen. Varadarajan (2014) stellt darüber hinaus zwei Optionen zur Umsetzung von Green Demarketing vor: 1) Vergleichendes Demarketing *(comparative demarketing)* stellt die negativen Auswirkungen von umweltschädlichen Produkten den weniger schädlichen Auswirkungen der Substitute gegenüber. Comparative demarketing ist etwa im Beispiel der Marke Levi's erkennbar, die mehr oder weniger explizit auf kurzlebige Fashion-Produkte eingeht und in ihrer Markenkommunikation die eigenen langlebigen Produkte in den Vordergrund stellt (Abschn. 3.3). 2) Verdecktes Demarketing *(stealth demarketing)* nutzt Marketingtechniken, um die positiven Nachhaltigkeitsauswirkungen von Produkten hervorzuheben, ohne diese direkt zu adressieren (Varadarjan, 2014). Patagonia setzt dies in ihrer bekannten Green Demarketing Kampagne „Don't buy this jacket" um, indem im Begleittext des Demarketingaufrufs nachhaltigkeitsfördernde Aufrufe „reduce, repair, reuse, recycle, reimagine" in der sogenannten „Common threads initiative" gebündelt werden (Patagonia, 2011) (Abschn. 3.2).

2.6   Countermarketing

Wenn die Nachfrage nach einem Produkt als „overfull", also zu hoch (wörtlich übervoll oder überfüllt) zu verstehen ist, empfiehlt Kotler (1973) Demarketing als Gegenbewegung. Im Falle einer solchen Nachfrage wird in manchen Literaturquellen der Begriff Countermarketing synonym zum Begriff Demarketing verwendet. Während Demarketing eine zu hohe Nachfrage nach einem Produkt zwar dämpft, dabei aber in der Regel nicht das beworbene Produkt beschädigt oder als nachteilig darstellt, geht das Countermarketing einen Schritt weiter, ordnet ein Produkt als grundsätzlich unzuträglich ein und strebt an, dass die Nachfrage (teilweise) zerstört wird. Dementsprechend heben Countermarketingkampagnen die Nachteile oder unerwünschte Nebenwirkungen von Produkten hervor, um die Nachfrage einzudämmen (Boddy, 2014).

Anlässe für den Einsatz dieser Variante des generellen Demarketings sind im sozialen Bereich (beispielsweise im Gesundheitsbereich) und im Kontext umweltpolitischer Aspekte zu finden. Aufklärungskampagnen gegen den Konsum von Tabak, Kokain, Alkohol, Zucker, Palmöl oder anderer schädlicher Substanzen, ebenso wie gegen die Nutzung von schädlichen Substanzen in Produkten oder suchtgefährdenden Verhaltensweisen wie Glücksspiel sind als Countermarketing zu klassifizieren. Solange es dabei um die Beeinflussung von gesellschaftlichem Verhalten geht, handelt es sich um Social Marketing beziehungsweise im Falle von Verzichtaufrufen um Social-Demarketing-Aktivitäten. Dabei ist es zunächst unerheblich, ob der Produkthersteller selbst (also eine kommerzielle Organisation) oder etwa eine soziale Organisation gegen die Nutzung eines Produktes oder eines Produktbestandteils argumentieren. Hall und Wood (2021) zeigen zahlreiche Beispiele des Countermarketings im Tourismussektor auf. Wenn die Nachfrage nach einer Serviceleistung (beispielsweise einer Reise zu einer bestimmten Destination) nicht an sich unzuträglich oder schädlich ist, sondern nur die übermäßige oder missbräuchliche Nutzung beziehungsweise zu hohe Nachfrage, sind Gegenmaßnahmen im Sinne des Countermarketing im Tourismussektor zu erkennen (Boddy, 2014). Solche Countermarketingkampagnen gegen fett-, salz- und zuckerhaltige Fertiglebensmittel sind in den USA von hoher Bedeutung, da die Quote fettleibiger Konsumenten dort sehr hoch ist (Boddy, 2014). Solche Kampagnen können sich demnach auch direkt gegen Hersteller richten. Boddy (2014) berichtet davon, dass McDonald's basierend darauf das Angebot um Obst, Gemüse und Fruchtsäfte erweitert hat. Countermarketingkampagnen können helfen, die weltweiten Konsummuster in Richtung Nachhaltigkeit auszurichten (Peattie & Peattie, 2009). Gleichsam können aber auch Unternehmen Urheber und Absender von Kampagnen sein, die gesellschaftliche Missstände thematisieren und zu ändern beabsichtigen. Boddy (2014) ordnet hier *Corporate Social Demarketing* (oder *Corporate Countermarketing* ein), etwa wenn McDonald's gegen Müllverschmutzungen argumentiert oder Bierbrauereien gegen übertriebenen Alkoholkonsum (Abschn. 3.6), oder Fluglinien gegen das Fliegen (Abschn. 3.5). Dabei lässt sich als Differenzierungsmerkmal herausarbeiten, dass Countermarketing gegen die Produkte argumentiert, wohingegen Corporate Social Demarketing, dem Produkt bewusst keinen direkten Schaden zufügt (Abschn. 2.8). Im Kontext des Countermarketing lässt sich auch das sogenannte Krisendemarketing *(crisis demarketing)* einordnen (Murray, 1997). Dieses umfasst Maßnahmen zur Nachfragereduzierung im Krisenfall, etwa bei Produktrückrufen. Dieser Demarketingform lassen sich auch Aufrufe, im Rahmen der Pandemiebekämpfung auf touristische Reisen zu verzichten, zuordnen.

2.7   Synchromarketing

In verschiedenen Branchen, insbesondere im Dienstleistungsbereich, ist die Aussteuerung von vorhandenen Leistungskapazitäten (beispielsweise Sitzplätzen in einem Flugzeug oder Hotelzimmer) und prognostizierten Nachfrageverläufen eine seit jeher bestehende (erfolgskritische) Managementaufgabe (Schubert & Uhrich, 2018). Unternehmen sind etwa durch preispolitische Maßnahmen oder gezielte Kommunikationsmaßnahmen bemüht, Angebot und Nachfrage mengenmäßig und zeitlich zu synchronisieren *(yield management).* Im Rahmen dieser Bemühungen kommt es neben der Nachfrageanregung immer wieder dazu, dass die Nachfrage zu begrenzen, zu reduzieren oder abzuweisen ist – schlussendlich mit dem Ziel, Nachfrageüberhänge, die nicht befriedigt werden können, umzulenken, um insgesamt die Gesamtnachfrage zu erhöhen und besser abschöpfen zu können (Kotler, 1973; Martinéz-Ruiz, 2014, Schubert & Uhrich, 2018).

Martínez-Ruiz (2014) präsentiert den Markt für gefrorene Milchprodukte als Paradebeispiel eines Marktes, der von saisonaler Nachfrageschwankung geprägt ist, da Eiscreme und vergleichbare Produkte bei heißem Wetter sehr viel stärker nachgefragt werden. Im amerikanischen Markt wird dies durch temporäre Events wie „National Ice Cream Month" (Martínez-Ruiz, 2014, S. 9) weiter verstärkt. Die Aufgabe des Synchromarketings im Sinne des Demarketing-Ansatzes ist es, die Nachfrage in den Zeiten überhöhter Nachfrage in der Menge zu begrenzen, dass sie erfüllt werden kann. Die Ausdehnung der Dauer der Angebotsphasen ist dabei insbesondere im Bereich saisonaler Lebensmittel (beispielsweise Spargel oder Erdbeeren) auch in Deutschland zu erkennen. Die überhöhte Nachfrage zur Hauptsaison wird gestreckt, in dem die Saison durch importierte Produkte ausgedehnt wird. Die Einführung einer Nebensaison mit preiswerteren Angeboten ist eine Vorgehensweise des Synchromarketing, die aus dem Tourismus besonders bekannt und in diesem Sektor etabliert ist. Da die meisten Konsumenten nur eine Urlaubsreise im Jahr umsetzen, kann so die Nachfrage in der Hauptsaison eingedämmt und in eine Nebensaison verlagert werden.

Weitere Beispiele, die eine Synchronisation verschiedener Marketingmaßnahmen notwendig machen, sind im Tourismussektor etwa durch plötzliche Ereignisse wie Naturkatastrophen (beispielsweise Vulkanausbrüche) zu erkennen (Hall & Wood, 2021). Warnaby und Medway (2014) unterscheiden in diesem Zusammenhang passives und aktives Demarketing für touristische Destinationen *(place demarketing)* als eine Form des Synchromarketing. Passives Demarketing erfolgt implizit, wenn Reiseanbieter Vorzüge für bestimmte Zielgruppen hervorheben und damit zugleich Zielgruppen mit gegenläufigen Interessen „demarketen". Wird etwa verdeutlicht, dass ein Ort eine Party-Destination für junge Reisende ist, so wird die Nachfrage von Familien und älteren Reisenden gedämmt beziehungsweise auf andere saisonale Phasen umgelenkt (Warnaby & Medway, 2014). Aktives Demarketing umfasst hingegen konkrete häufig temporär beschränkte Aufrufe Destinationen zu meiden, etwa aufgrund von Seuchen- oder Epidemiegefahren. Informatives Destinationsdemarketing *(informational place demarketing)* wird dabei auch von institutionellen Organisationen abgesendet, etwa wenn diese vor Reisen in bestimmte Regionen warnen (Warnaby & Medway, 2014). Zum aktiven Destinationsdemarketing gehören auch Aufrufe, die sich an Reisende richten, die ein grundsätzliches Interesse an einem Reiseziel haben, welches beispielsweise aufgrund eines Kultur- oder Sportereignisses überlaufen sein könnte. So empfehlen Tourismusbüros verschiedener Städte Reisen zu bestimmten Zeiten *(periodic place demarketing)* zu vermeiden (beispielsweise Reisen nach München während dem Oktoberfest).

Für den Tourismusbereich führen Hall und Wood (2021) die
Begriffe „Downstream Demarketing" und „Upstream Demarketing"
ein. Downstream Demarketing meint dabei alle Maßnahmen, die auf
eine generelle oder temporäre Reduktion der Nachfrage abzielen, das
heißt zum Ziel haben, dass weniger oder keine Touristen das Ziel auf-
suchen. Upstream Demarketing hingegen zielt auf weniger schädliche
Auswirkungen der gegebenen Besucherzahlen ab, das heißt, dass sich
Touristen beispielsweise anders verhalten. Die Begrifflichkeiten lassen
sich auf umweltbewusstes Konsumverhalten (Upstream) und Antikonsum (Downstream) übertragen.

2.8   Social Demarketing und Corporate Social Demarketing

Der Begriff Social Marketing lässt sich am ehesten als Sozialmarketing
übersetzen, da es um einen sozialen Zweck beziehungsweise eine soziale
Zielsetzung geht (Hoxtell, 2022; Kotler & Zaltman, 1971). Kotler
und Lee (2008) definieren die Nutzung von Marketingprinzipien und
-techniken zur Beeinflussung einer Zielgruppe hinsichtlich der frei-
willigen Akzeptanz, Ablehnung, Anpassung oder dem Verzicht auf einer
Verhaltensweise zugunsten Einzelner, Gruppen oder der Gesellschaft als
Ganzes als Social Marketing. Im Falle von Social Marketing geht es also
stets um die Beeinflussung des Verhaltens der Gesellschaft oder einer
Gruppe in der Gesellschaft. Diese ursprüngliche Definition von Social
Marketing unterscheidet nicht zwischen Eindämmung kritischer Nachfrage und Förderung von Verhaltensweisen mit positiven Auswirkungen
wie Skinner (2014) hervorhebt. Insofern ist die Nutzung des Begriffs
Social Marketing für die Förderung bestimmter Verhaltensweise mit
positiven Auswirkungen und des Begriffs Social Demarketing für die
Eindämmung von Verhaltensweisen mit negativen Auswirkungen kein
durchgehend in der Literatur auffindbarer Ansatz. Das Demarketing
von gesellschaftlichem Fehlverhalten wird beispielsweise von Peattie
et al. (2016) als Social Demarketing bezeichnet und anhand eines Fall-
beispiels (Reduzierung von privaten Wild-Feuern in Wales) untersucht.

Ein weiteres in der Literatur untersuchtes Beispiel sind Kampagnen zur Bekämpfung von Kokainkonsum, die ebenso als Social Demarketing eingestuft werden (Jones et al., 2014).

Social Demarketing hat demnach per se die Zielsetzung, eine Verhaltensweise zu reduzieren, seltener zu machen oder ganzheitlich abzuschaffen. In der praktischen Umsetzung führt dies häufig zu appellartigen Aufrufen mit dem Ziel den Konsum von schädlichen Produkten oder die Inanspruchnahme von Dienstleistungen einzudämmen: „Stop Smoking", „weniger Zucker", „Schluss mit Rasen", „Reduzieren Sie den Energieverbrauch". Besonders häufig rufen soziale oder öffentliche Organisationen, häufig aus dem Gesundheitssektor, zu einem „Weniger" auf (Grier & Bryant, 2005; Luck, 1974). Kotler (1973) kategorisiert die zu solchen Beispielen gehörende Nachfrage als unzuträglich oder ungesund *(unwholesome)* (S. 48), entsprechende Gegenmaßnahmen klassifiziert er als Countermarketing oder „Unselling" (1973, S. 47). Es lassen sich dabei Fälle finden, in denen Unternehmen das „Unselling" bestimmter Produkte beziehungsweise die Reduzierung einer gesellschaftlichen Verhaltensweise nutzen, um wiederum eigene Alternativprodukte zu bewerben und anzupreisen. Der Aufruf, eine Verhaltensweise seltener umzusetzen (beispielsweise der Verzehr von Fleisch, Palmöl oder Lebensmitteln mit hohem Zuckeranteil) wird dabei häufig direkt oder indirekt mit der alternativen Verhaltensweise verbunden, die kommerziell für die Werbetreibenden lukrativ sind (beispielsweise der Verzehr von Fleischsubstituten, Lebensmitteln ohne Palmöl oder ohne Zucker). Solche unternehmensseitigen Ansätze lassen sich folglich als Corporate Social Demarketing klassifizieren. Markenanbieter verbinden dabei den Aufruf zu „besserem Verhalten" gerne mit der eigenen Marke (Vredenburg et al., 2020). Es lässt sich in diesem Zusammenhang beobachten, dass Marken bevorzugt weniger kontroverse und konsensuale Verhaltensänderungen mit ihrer Marke assoziieren. So etwa, wenn ein Kondomanbieter für „geschützten Geschlechtsverkehr" wirbt (Kotler & Lee, 2005) oder wenn eine Brauerei dazu aufruft nach dem Bierkonsum kein Auto zu fahren (Abschn. 3.6). Generell ist festzustellen, dass in der Regel diejenigen Markenunternehmen zu Corporate Social Demarketing greifen, die gleichzeitig eine Verantwortung für die negativen Auswirkungen des Konsums tragen (müssen). Eine Fluglinie wirbt für verantwortungsvolles Fliegen, eine Brauerei für Verantwortung beim Bierkonsum und eine Fast-Fashion-Marke wirbt für verantwortungsvollen Konsum. Schulz et al. (2022) kategorisieren solche (De-)Marketingkampagnen als *responsible advertising* und verdeutlichen den Widerspruch der Parallelität für eine Marke und zugleich gegen entsprechenden Konsum zu werben.

Die Nutzung des Terminus Corporate Social Demarketing, also ein unternehmensseitiges Sozialdemarketing, ist eher selten (Foxall, 1995) und die Abgrenzung zum Terminus Green Demarketing (Abschn. 2.5) erscheint – über die Fokussierung auf Umweltthemen hinaus – schwierig. Die Einstufung als Green-Demarketing-Ansatz inkludiert die strategische Ausrichtung auf kommerzielle Absichten (Reduktion der Nachfrage auf der Ebene Produktkategorie bei gleichzeitiger Lenkung der Nachfrage auf die eigene Marke), wohingegen Corporate Social Demarketing die Zielsetzung einer Verhaltensänderung in der Gesellschaft (beispielsweise Reduktion des Konsums) und dabei häufig eigene Konsumlösungen hervorhebt.

2.9 Weitere Varianten und Strukturmerkmale des Demarketings

Gerstner und Hess (1993) zeigen diverse Marketingmaßnahmen auf, die in der Literatur meist ohne den Begriff Demarketing auskommen, aber auch als solches verstanden werden können. Vielen der nachfolgenden Varianten ist dabei gemein, dass zwar vordergründig eine Einschränkung der Nachfrage thematisiert wird, die eigentliche Zielsetzung aber eine Nachfragesteigerung der eigenen Marke ist. Beim sogenannten Lockvogel- oder Verunglimpfungsdemarketing *(bait and switch demarketing)* werden Produkte, um deren Nachfrage zu reduzieren, für Kundinnen und Kunden schwieriger auffindbar platziert, im Training der Verkäuferinnen und Verkäufer nicht berücksichtigt oder schlechter incentiviert (Gerstner & Hess, 1993).

Andere Produkte hingegen, die mehr verkauft werden sollen, werden gleichsam in den Vordergrund gerückt (Gerstner & Hess, 1993). Eine weitere Form der Nachfragelenkung bezeichnen die Autoren als Preisdiskriminierungs-Demarketing *(price discrimination demarketing)*; dabei wird etwa die Nachfrage zeitlich ausgesteuert, sodass in den Geschäftszeiten, in denen eine hohe Nachfrage besteht, weniger Kundinnen und Kunden Güter erwerben wollen (Gerstner & Hess, 1993). So kann beispielsweise eine „Happy Hour" außerhalb der Kerngeschäftszeit die Nachfrage entsprechend lenken und dabei diejenigen Kundinnen und Kunden „diskriminieren", die keine Zugangsmöglichkeit haben. Auch das sogenannte Wartezeiten-Demarketing *(crowding costs demarketing)* stellt in gewisser Weise eine „Diskriminierung" von Kundengruppen dar. Bei dieser Unterform des selektiven Demarketings werden durch Preiserhöhungen Kundengruppen, die nicht bereit sind, höhere Preise zu zahlen, ausgeschlossen und gezwungen längere Wartezeiten, beispielsweise Menschenschlangen an Kassen zu akzeptieren (Gerstner & Hess, 1993). In der Umsetzung dieses Ansatzes nutzen Unternehmen beispielsweise unterschiedliche Verpackungseinheiten, um die Preisdiskriminierung nicht zu offensichtlich zu machen. Unternehmen erzeugen hier die Wahrnehmung von Knappheit oder Exklusivität. Dies gilt auch für das sogenannte Lager-Demarketing *(stock outage demarketing)*. Die Nutzung von Knappheit steht im Mittelpunkt der Marketingmaßnahme, Produkte ausverkauft sein zu lassen. Gerstner und Hess (1993) zeigen auf, dass das Interesse von Kundinnen und Kunden dadurch gesteigert wird und eine Vorreservierung des ausverkauften Produktes dazu führt, dass Kunden mehrfach ein Ladengeschäft besuchen. Die Knappheit wird bei dieser Unterform des ostensiblen Demarketings entsprechend künstlich erzeugt. Murray (1997) spricht in diesem Kontext von Engpass-Demarketing *(shortage demarketing)* und beschreibt Maßnahmen, die Nachfrage im Falle eines Engpasses beziehungsweise einer Produktknappheit zugunsten des Unternehmenserfolges zu lenken. Außerdem nennen die Autoren das Differenzierungsdemarketing *(differentiating demarketing)* (Gerstner & Hess, 1993). Die Idee dieses Ansatzes ist, ein angebotenes Produkt zu „demarketen", indem bei diesem ein Produktattribut hervorgehoben wird, welches zur Abwanderung bestimmter Kundengruppen führt.

So kann beispielsweise verdeutlich werden, dass ein Nahrungsmittel Zucker enthält oder fleischbasiert ist. Der Produktanbieter nimmt damit zugunsten einer klareren Differenzierung in Kauf, eine Teilkundengruppen zu verlieren. Beispiele lassen sich auch in der Automobilbranche finden, wo Anbieter bestimmte Modelle (beispielsweise hybrid-angetriebene Motoren) aus ihrem Portfolio nehmen, um dieses klarer (auf elektronisch angetriebene Vehikel) auszurichten.

Lepisto (1983) kategorisiert Demarketing eher nach der Umsetzungsform beziehungsweise -variation der Maßnahmen als passiv, aktiv oder vollständig. Passives Demarketing *(passive demarketing)* bezeichnet Maßnahmen, die eher für stark nachgefragte Produkte, die eher schädlich sind, angewendet werden. Die Produkte werden nicht vom Markt genommen, aber Kunden werden ermutigt, weniger schädliche Substitute zu nutzen. Die Tabakindustrie nutzt diese Vorgehensweise wiederholt und intensiv: Die Einführung von Light-Zigaretten ebenso wie das Angebot von Tabakerhitzern und elektronischen Zigaretten sind deutliche Beispiele. Die Intension einer Nachfragereduzierung ist ostensibel und eher vorgeschoben, da es im Gesamten um eine Nachfragesteigerung und langfristige Absicherung der Nachfrage geht. Dem passiven Demarketing steht das aktive Demarketing *(active demarketing)* gegenüber (Lepisto, 1983). Dieses nutzt den kompletten Marketing-Mix, um die gesamte Marktnachfrage für bestimmte Produkte einzuschränken und ist dem generellen Demarketing zuzuordnen.

Eine recht junge Variante des Demarketing lässt sich anhand der angewendeten Kommunikationsstrategie einordnen. In sozialen Netzwerken positionierten sich im Winter 2022/2023 erste Social Media Influencerinnen und Influencer mit dem Ansatz eines „De-Influencings". Hierbei handelt es sich um den Versuch, die Betrachterinnen und Betrachter davon zu überzeugen, Produkte und Dienstleistungen, die besonders „gehypt" wurden, nicht zu kaufen (Eisenbrand, 2023). Der Hashtag #deinfluencing bietet Einblicke in Produkte, die auf Netzwerken wie Instagram und TikTok viral gingen, und zu deren Nichtkauf nun aufgefordert wird (siehe Beispiel in Abschn. 3.9). Die dem Demarketing immanente Idee einer Gegenbewegung zum Marketing, wird hier von Meinungsbildern und Multiplikatoren eingesetzt, um auf das gesellschaftliche Verhalten

Überkonsum, Inauthentizität und Konsumhype medienspezifisch zu reagieren und dieses zu dämpfen (Eisenbrand, 2023). Eine Einstufung als Sozialmarketing ist dabei naheliegend.

2.10 Demarketingtypologie

Kern dieses Abschnittes ist Tab. 2.1, die alle Demarketing-Begriffe sammelt und in eine Struktur bringt.

Kotler und Levy (1971) orientieren ihre Typologie entlang praktischer Anwendungsfälle (kontextuell) und verschiedener Zielsetzungen von Demarketingansätzen: generell, selektiv, ostensibel oder unintendiert. Dabei schließen sich die vier Arten von Demarketing gegenseitig nicht vollständig aus. So kann auch ein selektives Demarketing ostensibel sein und im Kern auf eine Nachfragesteigerung abzielen. Alle Demarketingvarianten sind als „kreatives Demarketing" zu verstehen (Kotler & Levi, 1971).

Die Begriffseingrenzungen Countermarketing und Synchromarketing sind diffiziler. Wie das Countermarketing orientiert sich der Begriff Synchromarketing stärker an der Zielsetzung der Marketingaktivität, weniger an der Ursache. Tab. 2.1 bietet einen Überblick und eine Gegenüberstellung der verschiedenen beschriebenen Demarketingvarianten. Die begriffliche Klassifizierung wird dadurch klarer, bleibt aber weiterhin nicht überschneidungsfrei.

Aus der Sicht von Markenunternehmen sind die aufgezeigten Demarketingvarianten eher optionale Ansätze, die je nach Nachfragesituation und Zielsetzungen einsetzbar sind. Richtet man den Blick auf unternehmensseitige Botschaften im Rahmen der Marketingkommunikation, so lassen sich diese in Unkenntnis der dahinterliegenden Unternehmensabsichten nur bedingt eindeutig den Demarketingvarianten zuordnen. Dennoch bieten die begrifflichen Varianten eine Hilfe zum besseren Verständnis der gewählten Strategie.

Darüber hinaus lassen sich verschiedene Demarketingkonzepte nach verschiedenen weiteren Kriterien einordnen. Die folgende Übersicht bietet eine entsprechende Einordnung nach Umfang, Umsetzung und

Tab. 2.1 Demarketingtypologie

	Absender	Adressaten-kreis	Zielsetzung	Ursache	Anwendung	Verwandte Konzepte
Generelles Demarketing	Wirtschafts-organisationen Soziale Organisationen Öffentlicher Sektor	Konsu-menten, Gesell-schaft	Nachfrage-reduzierung Verhaltens-änderung	Nachfrageüberhang (temporäre) Ressourcenknapp-heit	Energiesparen Ressourcen-schonung Massentourismus Produkt-eliminierung	Sectoral Demarketing Countermarketing Shortage Demarketing Crisis Demarketing Social Marketing Active Demarketing
Selektives Demarketing	Wirtschafts-organisationen Soziale Organisationen Öffentlicher Sektor	Teilziel-gruppen	Gezielter Ausschluss unerwünschte/ unprofitable Kunden	Fehlende Wirtschaft-lichkeit in bestimmten Kundensegmenten	Zugangsbe-schränkungen Ausschluss von bestimmten Ver-triebswegen	Relationship demarketing Discriminatory Demarketing Crowding costs demarketing Panic Buying/ Stockpiling Behavior
Ostensible Demarketing	Wirtschafts-organisationen	Konsu-menten	Nachfrage-steigerung	Geringe Nachfrage Fehlende Differenzierung	Produkt-eliminierung Substituierung Musikindustrie	Third-party demarketing Strategic Demarketing Stock outage Demarketing Green Demarketing Passive Demarketing Bait & Switch Demarketing
Unintentional Demarketing	Wirtschafts-organisationen	Konsu-menten	Nachfrage-steigerung	Geringe Nachfrage Produktelimination	vereinzelt	Third-party demarketing

(Fortsetzung)

Tab. 2.1 (Fortsetzung)

	Absender	Adressatenkreis	Zielsetzung	Ursache	Anwendung	Verwandte Konzepte
Green Demarketing	Wirtschaftsorganisationen	Konsumenten	Nachfragelenkung zur beworbenen Marke	Hohe Nachfrage auf Ebene Produktkategorie versus geringe Nachfrage auf Ebene Markenprodukt	Fashion Konsumgüter Luxusgüter	Pro-environmental Demarketing Sustainability-oriented Demarketing Comparative Demarketing Stealth Demarketing Environmental Demarketing
Countermarketing	Wirtschaftsorganisationen Soziale Organisationen Öffentlicher Sektor	Konsumenten, Gesellschaft	Gegenmaßnahmen gegen schädlichen Konsum	Schädliche, ungesunde, verschwenderische, gefährliche Nachfrage	Gesundheit	Corporate Social Demarketing Countermarketing Punitive Demarketing Crisis Demarketing Social Marketing Complete Demarketing
Synchromarketing	Wirtschaftsorganisationen Soziale Organisationen Öffentlicher Sektor	Konsumenten	Ausgleich von Angebots- und Nachfragemengen	Temporäre Nachfrageschwankungen	Tourismus Place Demarketing Saisonware	Informational place Demarketing Downstream Demarketing Upstream Demarketing
Social Demarketing	Soziale Organisationen	Gesellschaft	Verhaltensänderung (Reduzierung/ Eindämmung bestimmter Verhaltensweisen)	Schädliche, ungesunde, verschwenderische, gefährliche Nachfrage	Gesundheit Energie Ressourcen	Corporate Social Demarketing Sanctioned Demarketing Countermarketing Unselling

Zielsetzung, die weitergehend dem Verständnis der Demarketingtypen dient.

Gruppierung von Demarketingansätzen nach verschiedenen Kriterien

Umfang der adressierten Konsumentengruppe

- generelles Demarketing
- selektives Demarketing

Umsetzungsaspekte

- ostensibles Demarketing
- passives vs. aktives Demarketing
- Upstream vs. Downstream Demarketing
- institutionelles vs. produktbezogenes Demarketing

Zielsetzung

- Nachfrageeindämmung (generelles Demarketing, selektives Demarketing)
- Nachfragezerstörung (Counterdemarketing)
- Nachfragelenkung (Synchrodemarketing)
- Nachfragesteigerung (ostensibles Demarketing, Green Demarketing)
- Differenzierung (strategisches Demarketing, Differenzierungs-Demarketing)

Erstmals genannt ist an dieser Stelle die Unterscheidung von institutionellem versus produktbezogenem Demarketing. Es geht hierbei um das Objekt des Demarketings: Zahlreiche Demarketingansätze stellen eine komplette Produktkategorie (beispielsweise das Nahrungsmittel Fleisch) in den Mittelpunkt eines Verzichtaufrufs. In solchen Fällen ist die Verwendung des Begriffs institutionelles Demarketing üblich. Einzelne Demarketingkampagnen hingegen rufen dazu auf, ein konkretes Produkt nicht zu kaufen. Dies ist beispielsweise bei der Patagonia-Kampagne „Don't buy this jacket" der Fall. Darüber hinaus sind Produktrückruf-Kampagnen in der Regel produktspezifisch, sodass auch hier eher von produktbezogenem Demarketing die Rede ist.

2.11 Demarketingmix

Demarketing wird besonders visibel, wenn soziale Organisationen, Unternehmen oder der öffentliche Bereich zu Kommunikationsmaßnahmen greifen, die eindeutig zum Verzicht, zur Reduktion, zur Eindämmung von Konsum oder zu entsprechenden Verhaltensweisen aufrufen. Dazu zählen Aufrufe, weniger zu kaufen, bestimmte Produkte nicht zu kaufen, seltener zu konsumieren oder eine Dienstleistung verantwortungsvoller zu nutzen, ebenso wie Anregungen ein Second-Hand Produkt anstelle eines neuen Produktes zu kaufen oder etwas zu reparieren oder selbst zu bauen, anstatt es neu zu kaufen (Kannengießer, 2018). In vielen Fällen beabsichtigen Marken damit eine Positionierung als gesellschaftlich oder ökologisch verantwortungsbewusst, insbesondere indem sie generelles Demarketing oder Green Demarketing strategisch einsetzen. Oder, im Falle von ostensiblem Marketing beabsichtigen Unternehmen mindestens in Bezug auf die eigene Marke eine Nachfragesteigerung. Neben klassischer Werbung und Werbung in sozialen Medien findet sich die Demarketingkommunikation häufig in Nachhaltigkeitsberichten (hier insbesondere Pflichtberichte zu Umwelt-, Sozial- und Unternehmensführung, sogenannte ESG-Berichte), CSR-Berichten oder als Content auf den Websites der Markenunternehmen wieder. Darüber hinaus kann Demarketing, insbesondere im Falle von selektivem Demarketing oder Counterdemarketing auch im Bereich der absatzorientierten Kommunikation, etwa in Zeitungsbeilagen oder am Point of Sale stattfinden. Der Regalhinweis im Supermarkt „Jeder Käufer erhält nur eine Produkteinheit je Haushalt" kann als selektive Demarketingkommunikation eingeordnet werden, da die Kundengruppen der Quantitätskäufer ausgeschlossen wird (Abschn. 3.7).

Neben kommunikationspolitischen Möglichkeiten bieten alle weiteren absatzpolitischen Instrumente Möglichkeiten, Demarketingansätze umzusetzen und so die Nachfrage zu beeinflussen. Offensichtlich sind Preismaßnahmen dabei eine besonders unmittelbar wirkendende Form der Nachfragebeeinflussung. Insbesondere in der Aussteuerung der Nachfrage nach Dienstleistungen auf der Basis vorhandener Angebotsmengen bedienen sich Unternehmen seit jeher des Preisinstruments. Dabei kann die profan wirkende Nutzung der Preis-Absatz-Funktion durchaus gezielt eingesetzt werden, um temporär oder in Teilzielgruppen durch Preiserhöhungen die Nachfrage zu reduzieren. Je nach Branche sind dadurch entstehende Wahrnehmungen von Preisunfairness oder -unangemessenheit sowie das Entstehen von psychologischen Referenzpreisen erkennbar und nur bedingt wieder umzukehren oder zu ändern.

Hinsichtlich der Produktpolitik ist eine etwaige Reduzierung der produzierten Menge an sich ein erster Schritt in Richtung Reduzierung der maximal möglichen abgenommenen Menge. Wenn Unternehmen ein Produkt schrittweise vom Markt nehmen wollen, ist diese Vorgehensweise eine Art indirektes Demarketing. Gleiches gilt für die bewusste künstliche Verlängerung von Lieferzeiten oder andere Ansätze, um die Attraktivität des Produktes zu senken und den Zugang zu beschränken. Daneben ist bekannt, dass Unternehmen im Bereich Haushaltsgeräte oder Elektronik die Lebensdauer ihrer Produkte aktiv steuern. In diesen Fällen spricht man von geplanter Obsoleszenz, das heißt durch Produktionsentscheidungen wird die Lebensdauer von Produkten künstlich limitiert. Andere Anbieter beabsichtigen durch die Verhinderungen des Austauschs von Ersatzteilen (beispielsweise Akku des iPhones) oder durch die Beendigung von Service- und Reparaturangeboten die Ersatznachfrage zu steigern und die Nachfrage nach dem eigentlichen Produkt einzudämmen.

Gleichsam lassen sich Absatzzahlen auch im Rahmen von distributionspolitischen Maßnahmen (Tab. 2.2) aktiv reduzieren und die Nachfrage gleichsam langsam eindämmen. Eine Reduktion der Anzahl der Einkaufsmöglichkeiten führt nicht nur zu weniger Absatz, sondern in der Regel nach und nach auch zu einem Nachlassen der Nachfrage. Insbesondere beim Rückzug von Produkten aus Märkten können etwa Restposten nur noch in bestimmten Vertriebskanälen erworben werden, sodass die Nachfrage insgesamt reduziert wird.

Die verschiedenen absatzpolitischen Aktivitäten stellen einen Optionenraum dar, der auch als Demarketingmix bezeichnet werden kann. Je nach Branche, Industrie und Produktkategorie sind solche Aktivitäten als Instrumente des Demarketing einsetzbar. Beispielhaft

Tab. 2.2 Absatzpolitisches Maßnahmenspektrum im Demarketing

Absatzpolitischer Bereich	Demarketingmaßnahmen
Kommunikationspolitik	Verzicht auf Werbung und auf Absatzförderungsmaßnahmen
	Reduktion der Verkaufszeit je Produkt
	Einführung zusätzlicher Warnhinweise auf Verpackungen oder in Anzeigen
Preispolitik	Preissteigerungen
	Einführung zusätzlicher Gebühren
Produktpolitik	Verfügbarkeit verringern
	Alternativangebote im Sortiment ausweiten
	Schädliche Auswirkungen hervorheben
	Produktattraktivität senken
Distributionspolitik	Reduktion von Vertriebsmaßnahmen
	Reduktion von Konsummöglichkeiten
	Zugangsmöglichkeiten einschränken und erschweren
	Anzahl der Vertriebspunkte verringern

Eigene Erstellung in Anlehnung an Kotler und Levi (1971), Cullwick (1975), Suh et al. (2009)

Tab. 2.3 Absatzpolitisches Maßnahmenspektrum im Tourismus-Demarketing

Absatzpolitischer Bereich	Demarketing-Maßnahmen
Preispolitik	Preissteigerungen in der Hauptsaison
Kommunikationspolitik	Informationskampagne zur Notwendigkeit von Einschränkungen
	Kommunikation alternativer Zieldestinationen
Distributionspolitik	Zugangsbeschränkungen (Buchungseinschränkungen)
	Zugangserleichterungen alternativer Zieldestinationen
Produktpolitik	Nutzungsbeschränkungen (beispielsweise Verbot von Wildcamping, Mountain-Biking)
	Virtuelle Alternativangebote

Eigene Erstellung in Anlehnung an Hall und Wood (2021)

zeigen Hall und Wood (2021) für den Tourismussektor, welche absatzpolitischen Marketing- und Demarketingmaßnahmen zu beobachten sind beziehungsweise eingesetzt werden können. Tab. 2.3 zeigt den Ausschnitt der Maßnahmen, die als Demarketing im Tourismus einzuordnen sind.

Literatur

Armstrong Soule, C. A., & Reich, B. J. (2015). Less is more: Is a green demarketing strategy sustainable? *Journal of Marketing Management, 31*(13–14), 1403–1427.

Blömeke, E., & Clement, M. (2009). Selektives Demarketing — Management von unprofitablen Kunden. *Schmalenbachs Zeitschrift für betriebswirtschaftliche Forschung, 61*(7), 804–835.

Boddy, C. (2014). Countermarketing case studies. In N. Bradley & J. Blythe (Hrsg.), *Demarketing* (S. 81–97). Routledge.

Bradley, N., & Blythe, J. (2014a). Demarketing: An overview of the antecedents and current status of the discipline. In N. Bradley & J. Blythe (Hrsg.), *Demarketing* (S. 1–7). Routledge.

Bradley, N., & Blythe, J. (Hrsg.). (2014b). *Demarketing.* Routledge.

Bruhn, M., Burmann, C., Esch, F. R., Hennig, A., Kirchgeorg, M., Markgraf, D., & Schneider, W. (2013). *222 Keywords Marketing: Grundwissen für Manager.* Springer Fachmedien.

Chen, Y.-S. (2010). The drivers of green brand equity: Green brand image, green satisfaction, and green trust. *Journal of Business Ethics, 93*(2), 307–319.

Croft, R. (2014). Ostensible demarketing: The power of prohibition. In N. Bradley & J. Blythe (Hrsg.), *Demarketing* (S. 150–163). Routledge.

Cullwick, D. (1975). Positioning demarketing Strategy: Marketers must integrate the changes in the business environment into effective new product, pricing, distribution, and promotion strategies. *Journal of Marketing, 39*(2), 51–57.

Dawes Farquhar, J. (2014). Selective demarketing: A value destruction approach. In N. Bradley & J. Blythe (Hrsg.), *Demarketing* (S. 117–137). Routledge.

Eisenbrand, R. (2023). "Kauf den Schrott nicht!": Auf Tiktok geht gerade „Deinfluencing" durch die Decke. https://omr.com/de/daily/tiktok-deinfluencing/. Zugegriffen: 17. März 2023.

Felsch, D., & Wiese, H. (2008). Snob effects, exclusivity, and competition intensity. *Marketing – Zeitschrift für Forschung und Praxis, 30*(1), 5–13.

Foxall, G. R. (1995). Environment-impacting consumer behavior: An operant analysis. *NA-Advances in Consumer Research, 22*, 262–268.

Gerstner, E., & Hess, J. (1993). Demarketing as a differentiation strategy. *Marketing Letters, 4*(1), 49–57.

Gonzalez-Padron, T. L. (2022). Environmental marketing. In C. N. Madu (Hrsg.), *Handbook of environmentally conscious manufacturing* (S. 223–236). Springer Nature.

Gossen, M., & Frick, V. (2018). Brauchst du das wirklich? – Wahrnehmung und Wirkung suffizienzfördernder Unternehmenskommunikation auf die Konsummotivation. *Umweltpsychologie, 22*(2), 11–32.

Grier, S., & Bryant, C. A. (2005). Social marketing in public health. *Annual Review of Public Health, 26*(1), 319–339.

Grinstein, A., & Nisan, U. (2009). Demarketing, minorities, and national attachment. *Journal of Marketing, 73*(2), 105–122.

Gordon, I. (2006). Relationship demarketing: Managing wasteful or worthless customer relationships. *Ivey Business Journal, 70*(4), 1–4.

Hall, C. M., & Wood, K. J. (2021). Demarketing tourism for sustainability: Degrowing tourism or moving the deckchairs on the titanic? *Sustainability, 13*(3), 1585–1600.

Hartmann, P., & Apaolaza-Ibánez, V. (2009). Green advertising revisited. Conditioning virtual nature experiences. *International Journal of Advertising, 28*(4), 715–739.

Hesse, A., & Rünz, S. (2020). 'Fly Responsibly': A case study on consumer perceptions of a green demarketing campaign. *Journal of Marketing Communications, 28*(3), 232–252.

Hoxtell, A. (2022). *Social Marketing – Verhaltensänderung fürs Gemeinwohl – Eine anwendungsorientierte Einführung.* Springer Gabler.

Hwang, C. G., Lee, Y., Diddi, S., Karpova, E. (2016). "Don't buy this jacket": Consumer reaction toward anti-consumption apparel advertisement. *Journal of Fashion Marketing and Management, 20*(3), 435–452.

Jones, N., Baines, P., & Welsh, S. (2014). Countermarketing in a wicked problem context – The case of cocaine. In N. Bradley & J. Blythe (Hrsg.), *Demarketing* (S. 42–64). Routledge.

Kannengießer, S. (2018). Konsumkritische Medienpraktiken: Informieren, reparieren und fair produzieren. In S. Kannengießer & I. Welles (Hrsg.) Konsumkritische Projekte und Praktiken. *Interdisziplinäre Perspektiven auf gemeinschaftlichen* Konsum (S. 217–231). Oekom Verlag.

Karkalis, A. (2018). Die Kraft der Haltung. https://www.horizont.net/marketing/kommentare/nike-kampagne-mit-colin-kaepernick-die-kraft-der-haltung-169457. Zugegriffen 30. Nov. 2022

Kim, S., Ko, E., & Kim, S. J. (2018). Fashion brand green demarketing: Effects on customer attitudes and behavior intentions. *Journal of Global Fashion Marketing, 9*(4), 364–378.

Kotler, P. (1973). The major tasks of marketing management. *Journal of Marketing, 37*(4), 42–49.

Kotler, P., & Lee, N. (2005). Best of breed: When it comes to gaining a market edge while supporting a social cause, "corporate social marketing" leads the pack. *Social Marketing Quarterly, 11*(3–4), 91–103.

Kotler, P., & Lee, N. (2008). *Social marketing: Influencing behaviors for good.* Sage.

Kotler, P., & Levy, S. J. (1971). Demarketing, yes, demarketing. *Harvard Business Review, 49*(6), 74–80.

Lepisto, L. (1983). Demarketing strategies: Assessment and implementation. *The Mid-Atlantic Journal of Business, 22*(1), 31–41.

Luck, D. J. (1974). Social marketing: Confusion compounded. *Journal of Marketing, 38*(4), 70–72.

Mai, R., Hoffmann, S., & Schmidt, D. (2014). Selektives Demarketing – Wie werden Unternehmen unerwünschte Kunden wieder los? *Die Betriebswirtschaft, 74*(5), 305–330.

Martínez-Ruiz, M. P. (2014). Synchromarketing. In N. Bradley & J. Blythe (Hrsg.), *Demarketing* (S. 8–25). Routledge.

McKechnie, S. (2014). Ostensible demarketing case study. In N. Bradley & J. Blythe (Hrsg.), *Demarketing* (S. 164–180). Routledge.

Medway, D., Warnaby, G., & Dharni, S. (2011). Demarketing places: Rationales and strategies. *Journal of Marketing Management, 27*(1–2), 124–142.

Murray, V. Q. (1997). Social activist marketing: A reconceptualization of countermarketing and demarketing. *Journal of Nonprofit & Public Sector Marketing, 5*(4), 3–25.

Patagonia. (2011). Don't buy this jacket! Black friday advertisement. https://www.patagonia.com/blog/wp-content/uploads/2016/07/nyt_11-25-11.pdf. Zugegriffen: 30. Nov. 2022

Peattie, K., & Peattie, S. (2009). Social marketing: A pathway to consumption reduction? *Journal of Business Research, 62*(2), 260–268.

Peattie, K., Peattie, S., & Newcombe, R. (2016). Unintended consequences in demarketing antisocial behaviour: project Bernie. *Journal of Marketing Management, 32*(17–18), 1588–1618.

Quinones Cintrón, V., von Hack, J., Pérez Rivera, M. M., Medina Velazquez, A. Y., & Davis Pellot, J. (2017). The evolution of demarketing literature. *Fòrum Empresarial, 22*(1), 77–108.

Reich, B. J., & Armstrong Soule, C. A. (2016). Green demarketing in advertisements: Comparing "buy green" and "buy less" appeals in product and institutional advertising contexts. *Journal of Advertising, 45*(4), 441–458.

Schmidt, H. J., Ind, N., Guzman, F., & Kennedy, E. (2021). Sociopolitical activist brands. *Journal of Product & Brand Management, 31*(1), 40–55.

Schubert, M., & Uhrich, S. (2018). De-Marketing als Instrument des Business Development in Dienstleistungsunternehmen – Probleme der Selektion und Exklusion von Kundengruppen. In M. Bruhn & K. Hadewich (Hrsg.), *Service Business Development* (S. 313–337). Springer Fachmedien.

Schulz, J., Müller, R. C., & Galling-Stiehler, A. (2022). Responsible Advertising antwortet nicht. *Transfer, 68*(4), 6–11.

Skinner, H. (2014). General demarketing. In N. Bradley & J. Blythe (Hrsg.), *Demarketing* (S. 82–93). Routledge.

Sodhi, K. (2011). Has marketing come full circle? Demarketing for sustainability *Business Strategy Series, 12*(4), 177–185.

Suh, M., Ahn, J., & Rho, T. (2009). Does demarketing increase intention to retain and improve the relationship? Focus on customers' characteristics. *International Journal of Arts and Sciences, 3*(2), 1–22.

Varadarajan, R. (2014). Toward sustainability: Public policy, global social innovations for base-of-the-pyramid markets, and demarketing for a better world. *Journal of International Marketing, 22*(2), 1–20.

Vredenburg, J., Kapitan, S., Spry, A., & Kemper, J. A. (2020). Brands taking a stand: Authentic brand activism or woke washing? *Journal of Public Policy and Marketing, 39*(4), 444–460.

Warnaby, G., & Medway, D. (2014). Synchromarketing: Demarketing places. In N. Bradley & J. Blythe (Hrsg.), *Demarketing* (S. 26–41). Routledge.

3

Empirische Untersuchungen von Fallbeispielen

3.1 Konsumentenwahrnehmung von Demarketing

Da sich vergleichsweise wenige Forschungsstudien der Vergangenheit explizit mit der Konsumentenwahrnehmung von Demarketing auseinandersetzen, ist es angemessen, sich zunächst den Wissensstand zur Konsumentenwahrnehmung von verwandten Konzepten wie CSR, suffizienzfördernde Kommunikation und Green Marketing anzusehen, um übergreifende Erkenntnisse zu nutzen.

Allgemein bekannt ist, dass die Kommunikation von CSR- oder Green-Marketing-Maßnahmen die Konsumentenwahrnehmung der Marken beeinflusst (Chen, 2010; Ellen et al., 2006; Groza et al., 2011; Vlachos et al., 2009). Greenwashing, der konsumentenseitige Vorwurf einer übertrieben kommerziell-intendierten Nutzung von Ökologie- oder Naturelementen und -sujets in der Werbung oder Markenkommunikation, ist heute bekannt als potenzielle Konsumentenreaktion (Nyilasy et al., 2013). Die Werbewirkungsforschung hat aufgezeigt, dass „grün-gefärbte Werbung" mit geringer Glaubwürdigkeit und Skepsis rechnen muss (Iyer & Banerjee, 1993;

Obermiller & Spangenberg, 1998; Vlachos et al., 2009). Inhaltlich setzen sich Konsumentinnen und Konsumenten mehr damit auseinander, welche Hintergedanken und Absichten werbetreibende Absender haben, als mit deren inhaltlichen Argumenten, Botschaften oder gewählten Umsetzungselementen (Gilbert & Malone, 1995). Dennoch erwarten insbesondere junge Generationen nachhaltigere Konsumangebote und eine Verlangsamung des Konsums (Sun et al., 2021). Emotionale Kommunikation in diesem thematischen Umfeld verspricht generell erhöhte Aufmerksamkeit (Schuhwerk & Lefkoff-Hagius, 1995). Schuldzuweisungen, wie beispielsweise die explizite Adressierung von negativen Folgen von Verhaltensweisen oder Konsum („Sie gefährden andere, wenn Sie keine Maske tragen") sind dabei insbesondere im Kontext von Social Marketing zu finden, aber durchaus riskant: Forschungsstudien zeigen keine eindeutigen Ergebnisse auf, ob diese zu Akzeptanz (eher bei niedrig involvierten Konsumenten) oder (insbesondere bei eher involvierten Konsumenten) zu kritischen Reaktionen führen (Chang, 2012).

Im Zusammenhang der Wahrnehmung von Werbung hat die Werbeforschung außerdem gezeigt, dass „grüne Werbung von geringer Glaubwürdigkeit geplagt ist" (Iyer & Banerjee, 1993, S. 500) und dass Unentschlossenheit und Skepsis zu erwartende Reaktionen der Verbraucherinnen und Verbraucher sind (Obermiller & Spangenberg, 1998; Vlachos et al., 2009). Aus Studien zu Green Advertising ist bereits bekannt, dass nicht-substanzielle, oberflächliche Ansätze, wie beispielsweise die Nutzung grüner Farbe und der Einsatz von Fotographien idyllischer Naturlandschaften zwar ein prägendes Merkmal solcher Werbeformen sind, aber eher als vage wahrgenommen werden und sich als wenig effektiv einstufen lassen (Hartmann & Apaolaza-Ibánez, 2009). Persönliche Erlebnisberichte aus der Natur sowie die Bereitstellungen von konkreten Informationen hingegen, versprechen mehr Erfolg (Hartmann & Apaolaza-Ibánez, 2009). Diverse Studien zeigen dabei einen Zusammenhang zum einen zwischen der Konsumentenwahrnehmung und dem thematischen Involvement der Konsumentinnen und Konsumenten in Hinsicht auf Umweltschutz; und zum anderen zwischen der Konsumentenwahrnehmung und dem Produktinvolvement der Konsumentinnen und Konsumenten

(Chan, 2000; Chan et al., 2006; Matthes et al., 2014; Petty & Cacioppo, 1986). Die Erkenntnisse folgen der Argumentationslinie des zugrunde liegenden Elaboration-Likelihood-Models: ein „höheres" Involvement ist in der Regel gleichbedeutend mit einer intensiveren Auseinandersetzung mit einem Thema (Petty & Cacioppo, 1986). Konsumenten, die ein höheres Umweltbewusstsein haben, sind somit zeitgleich eine vielversprechende Zielgruppe für Ökologieorientierte Produkte und Werbeaussagen als auch kritische Betrachter jedweder Form von Ökologie-orientierter Kommunikation. Ähnlich fassen Kim et al. (2018) den Forschungsstand zu Konsumentenwahrnehmung von Green Advertising zusammen: Werbebotschaften, deren Abstraktionsgrad unterschiedlich ist, werden unterschiedlich wahrgenommen. Eher abstrakte Aussagen (wie beispielsweise „für die Natur") stehen eher konkreten Aussagen (beispielsweise „wir reduzieren so die CO_2-Emission um 12 %") gegenüber, die mehr Wirkung versprechen. Konkretes Green Demarketing Advertising, das auf wenig involvierte Konsumentinnen und Konsumenten trifft, verspricht den größten Erfolg (Kim et al., 2018). Ähnliche Schlussfolgerungen konnten Hesse und Rünz (2020) auf qualitativer Basis ziehen; sie empfehlen den Absendern von Green Demarketing Advertising möglichst konkrete Angaben zum eigenen Beitrag zum Umweltschutz.

Gleichsam unterscheiden Carlson et al. bereits 1993 zwischen *substanziellen Werbeaussagen,* die konkret anfassbare Nutzen vorstellen und dabei die Absicht verfolgen, dass Konsumentinnen und Konsumenten Produkte, Marken und/oder Unternehmen als umweltbewusst wahrnehmen von *assoziativen Werbeaussagen,* die eher nicht anfassbar sind und in den Köpfen der Konsumentinnen und Konsumenten Verbindungen zwischen Produkte, Marken oder Unternehmen und der Umwelt entstehen lassen, um so Images aufzubauen.

Kong et al. (2020) untersuchen, wie Konsumenten auf Nachhaltigkeitsbotschaften und konsumkritische Aufrufe von Modemarken in sozialen Medien reagieren. Die Autoren zeigen für Luxusmarken eine grundsätzlich positive Resonanz auf Nachhaltigkeitsbotschaften, aber eine negative Wirkung auf die mit den Marken verbundene Kaufabsicht. Demgegenüber scheinen Nachhaltigkeitsbotschaften eine höhere Kaufbereitschaft im Falle von Nicht-Luxusmarken zu erzeugen

(Kong et al., 2020). Luxus- und Premiummarken müssen demnach eher mit Konsumentenreaktionen wie Skepsis rechnen, wenn sie Nachhaltigkeitsbotschaften einsetzen, da diese als rein kommerzielle Absichten interpretiert werden können.

Im Falle von Green Demarketing-Kampagnen bieten sich den Konsumentinnen und Konsumenten wenig Anhaltspunkte, die tatsächlichen Motive und Intensionen der Absender zu überprüfen. Die Kombination aus Inhalt (Verzichtsaufrufe wie „Kaufe weniger, seltener, weniger, verantwortungsvoller"), Absender (gewinnorientierte Organisation) und vordergründiger Zielsetzung (Umweltschutz) ist widersprüchlich. Dabei bleibt verborgen, ob die Unternehmen tatsächlich im Zusammenhang mit einer gewählten Demarketingkampagne weniger verkaufen wollen oder es nur um positive Auswirkungen etwa auf die Einstellungen zur Marke geht. Die Konsumentenreaktionen auf solche Demarketingkampagnen sind komplex, multidimensional und nicht eindeutig. In ihren grundlegenden Studien zu Green Demarketing zeigen Armstrong Soule und Reich (2015), dass die bestehende Umweltreputation einer Marke und ihre Nähe zu nachhaltigen Geschäftspraktiken indizieren, wie Konsumenten eine Green Demarketing Kampagnen wahrnehmen. Eine positive Umweltreputation führt zu eher positiven Reaktionen auf Green Demarketing Botschaften. Auch in diesen Studien zeigt sich, dass die Motive der Unternehmen im Fokus der Konsumentenwahrnehmungen stehen. Reich und Armstrong Soule (2016) zeigen auf, dass Produkt-Demarketingkampagnen (beispielsweise „Don't buy this jacket") weniger erfolgversprechend sind als Kampagnen auf der institutionellen Ebene der Produktkategorie (beispielsweise „Fliegen Sie weniger!" oder „Kaufen Sie weniger Lebensmittel"). Insgesamt ist die Anzahl der Forschungen in diesem Themenfeld weiterhin begrenzt (Ramirez et al., 2017; Reich & Armstrong Soule, 2016; Sodhi, 2011).

Spannende Ergebnisse zeigen Gossen und Frick (2018), die 1626 nicht zufällig ausgewählte Kundinnen und Kunden eines nachhaltigen

Onlinemarktplatzes befragten. „Die Befragten bewerteten die Inhalte der suffizienzfördernden Kommunikation sowie die Glaubwürdigkeit und die Motive des Unternehmens [Online-Marktplatz für nachhaltige Produkte] als sehr positiv und drückten eine hohe Motivation zu suffizientem Konsumverhalten aus. Nur vereinzelt wurden Motive des Unternehmens infrage gestellt" (Gossen & Frick, 2018, S. 11). In diesem Fall scheint die intermediäre Organisation – der Onlinemarktplatz Hessnatur – weniger skeptisch gesehen zu werden und als eine Art Puffer zu wirken. Das Sortiment diverser nachhaltiger Produkte und Marken scheint Nachhaltigkeitskomponenten des Images positiv zu akkumulieren.

Insgesamt lässt sich festhalten, dass erste Erkenntnisse darüber vorliegen, wie Konsumentinnen und Konsumenten auf Demarketingkommunikation reagieren. Da zahlreiche Erkenntnisse noch unklar sind, sind weitere eher qualitative Untersuchungen vielversprechend, um das Spektrum an Reaktionen und Einflussfaktoren auf diese Reaktionen besser zu verstehen. Dabei muss es auch darum gehen, Zusammenhänge verschiedener Faktoren zu erforschen. Produkt- und Servicekategorien, Unternehmenstypen und -größen, Reputation, werbliche Umsetzung, Involvement und Alter der Betrachterinnen und Betrachter, situative Kontextfaktoren – all diese Faktoren scheinen eine Rolle auf die Wahrnehmung und Wirkung von Demarketing zu spielen. Im vorliegenden Werk bietet der Autor Einblicke in acht empirische Primärdatenerhebungen, wovon sieben Studien auf der Basis qualitativer Interviews tiefergehende Einblicke in Demarketingwahrnehmungen und -reaktionsmuster von Konsumentinnen und Konsumenten bieten (siehe Tab. 3.1). Insgesamt wurden dabei fast 2800 min (ca. 46,5 h) Gespräche zu Demarketingkampagnen mit Verbraucherinnen und Verbrauchen geführt, transkribiert und mittels qualitativer Inhaltsanalyse ausgewertet.

Tab. 3.1 Überblick Primärdatenerhebungen

Quelle	Demarketingtyp	Fallbeispiel	Umfang Daten-basis
Hens (2022)	Corporate Social Demarketing, ostensibles Demarketing, Green Demarketing	Patagonia	250 min
Sedova (2022)	Green Demarketing	Levi's	250 min
von Selchow (2022)	Green Demarketing	Bio Company	343 min
Hesse und Rünz (2020)	Green Demarketing	KLM	1065 min*
Reinschmidt (2022)	Corporate Social Demarketing	Heineken	310 min
Weigelt (2022)	Selektives Demarketing	Diverse	170 min
Freiberg (2022)	Corporate Social Demarketing	Gustavo Gusto	400 min
Kellermann (2022)	Green Demarketing	Diverse	243 Fragebögen

* hochgerechnet

3.2   Patagonia: Don't buy this jacket!

3.2.1 Patagonia und die Kampagne

Zweifelsohne gehört die Premium-Outdoor-Bekleidungsmarke Patagonia zu den Vorreitern und Vorzeigeunternehmen hinsichtlich Nachhaltigkeitsausrichtung, Green Marketing und konsumkritischer Werbung (Kong et al., 2020). Das Unternehmen zeigt hervorstechende Initiativen zu Fair Trade, zur Verwendung von organischen oder wiederverwerteten Materialien, zur Transparenz innerhalb ihrer Lieferketten und Produktion, mit dem Angebot einer mobilen Werkstatt zur Reparatur von Kleidung, mit der regelmäßigen Spende von einem Prozent des Unternehmensumsatzes für ökologische Zwecke, mit der strukturierten Unterstützung von sozialen und ökologischen Initiativen, mit Beteiligungen an Second-Hand-Unternehmen sowie zuletzt mit der Übertragung der Unternehmensanteile des Gründers an eine Stiftung zum Erhalt und Schutz des Planeten (Heuer, 2017; Holtermann & Scheppe, 2022; Thangavelu, 2020).

Mit der Kampagnenüberschrift „Don't buy this jacket" weckte Patagonia im November 2011 in einer ganzseitigen Anzeige in der landesweiten amerikanischen Tageszeitung New York Times weltweites Interesse in der Gesellschaft und im Nachgang auch unter Werbewirkungs- und Kommunikationsforscherinnen und -forschern. Der Zeitpunkt der Kampagnenschaltung fiel auf den sogenannten Black Friday, ein Tag, an dem Internetplattformen, hier zum damaligen Zeitpunkt vor allem amazon.com, mit zeitlich befristeten Rabatten den Konsum noch vor dem Jahresend- und Weihnachtsgeschäft ankurbeln. Die Anzeige von Patagonia steht für eine Gegenbewegung und verkörpert damit explizit, die von Kotler und Levy (1971) erklärte Rolle des Marketings, nicht nur mehr Absatz und mehr Konsum zu verstärken, sondern das Gegenteil anzuregen. Begleitend zu der Kampagnenüberschrift präsentierte Patagonia im Anzeigentext die sogenannte „Common Threads Initiative", die zum einen die Aktivitäten und den Beitrag von Patagonia zur Reduktion von Umweltschädigung aufzeigt und zum anderen die umweltschädigenden Konsequenzen der Bekleidungsproduktion schonungslos transparent macht (Patagonia, 2011).

Patagonias Aufforderung, auf den Kauf einer (weiteren) Jacke zu verzichten und Reparatur oder Gebrauchtkauf zu bevorzugen misslang – trotz oder aufgrund der Kampagne (Thangavelu, 2020). Wenngleich das Unternehmen den geschäftlichen Erfolg der Kampagne nicht explizit aufzeigt, berichten Medien und wissenschaftliche Untersuchungen übereinstimmend von direktem Absatzerfolg und von verbesserten Geschäftsergebnissen in den Folgejahren (Heuer, 2017; Hwang et al., 2016; Kim et al., 2018; Lowitt, 2011; Stock, 2013; Thangavelu, 2020).

Wichtig für die Einordnung des Demarketingtyps ist festzustellen, dass es sich um eine der wenigen produktbezogenen Werbungen handelt, in denen explizit zum Nichtkauf eines bestimmten Produktes aufgerufen wird. Solche Aufrufe sind bis dahin und bis heute, wenn überhaupt im Rahmen von Rückrufaktionen als Krisendemarketing bekannt, in denen Unternehmen – meist weniger aufmerksamkeitsstark und mit weniger Reichweite – gezwungen sind, Konsumenten aufzufordern, Produkte nicht zu kaufen und sogar nach einem Kauf zurückzugeben (Murray, 1997). Lepistoe (1983) typologisiert solche Maßnahmen als vollständiges Demarketing *(complete demarketing)*, bei denen Produkte vollständig vom Markt genommen werden (beispielsweise aufgrund von Gefährdungen). Hinsichtlich der an dieser Stelle diskutierten Kampagne von Patagonia ist zudem auffällig, dass Patagonia mit der bei vielen Amerikanern beliebten Jacke ein sehr erfolgreiches Produkt auswählte.

Die Einordnung der Kampagne Patagonias in die Demarketing Typologie ist multidimensional und nicht eindeutig. Es handelt sich zunächst um generelles Demarketing mit dem Ziel, die Aufmerksamkeit aller Konsumentinnen und Konsumenten auf den Überkonsum zu lenken und diese zu verantwortungsbewusstem Konsum zu erziehen. Die zunehmende Knappheit natürlicher Ressourcen sowie der übertriebene Raubbau an diesen Ressourcen wird als Ursache dafür plausibel eingesetzt. Kommuniziertes Ziel der Kampagne ist es, eine Verhaltensänderung herbeizuführen, die Konsumenten vom unüberlegten Konsum abhält. Eine Einordnung als Corporate Social Demarketing lässt sich mit Blick auf die zahlreichen weiteren ökologischen und sozialen Initiativen der Marke untermauern. An einzelnen Stellen wird der Erfolg Patagonias kritisch diskutiert (Zacharakis, 2015). Patagonias Kampagne führte wie zuvor genannt zu Absatzsteigerungen, das Unternehmen ist mit seiner Anti-Wachstumsstrategie sehr erfolgreich und wächst immer weiter. Dabei helfen in Deutschland auch massenkonsum-orientierte Internetplattformen wie Zalando, Otto und About You, die „globale Hipstermarke" Patagonia neben vielen anderen Fast Fashion Gütern massenhaft zu verkaufen (Zacharakis, 2015). Gleichsam handelt es sich bei Patagonias Produktionsmodell um hochindustrialisierte und standardisierte Massenproduktion in Billiglohnländern, wenngleich mit mehr Fairness, sichereren Arbeitsbedingungen und deutlich mehr Transparenz als die Produktionsmodelle vieler Wettbewerber (Zacharakis, 2015). Folgt man der kritischen Auseinandersetzung mit Patagonias Marketingansatz, so ist eine Einordnung als ostensibles Demarketing nachvollziehbar. Im Angesicht der erzielten Nachfragesteigerung erscheint der Aufruf zum Konsumverzicht als ostensibel. Patagonia fordert Konsumentinnen und

Konsumenten auf, auf unnötigen Fast-Fashion Konsum zu verzichten und dies hat eine Nachfragesteigerung der Marke zur Konsequenz. Eine Einordnung der Kampagne als Green Demarketing Ansatz ist gleichermaßen plausibel. Demnach würde eine Interpretation der Botschaft lauten: „Kaufen Sie nur wenn es wirklich notwendig ist und dann bitte nur Patagonia". Folglich ein Verzichtaufruf, der eine Nachfragelenkung auf die eigene Marke zur Folge hat (Armstrong Soule & Reich, 2015). Im Fall der produktbezogenen Botschaft („Don't buy this jacket") erzeugt der Kampagnenabsender eher noch mehr Widerspruch, da es um ein explizites Produkt geht. Dabei sind dem Autor keine Daten bekannt, dass Konsumentinnen und Konsumenten netto weniger Kleidung kauften, ob also ein Nutzen für die Umwelt und parallel zum kommerziellen Nutzen für das Unternehmen entstand. Der Autor des vorliegenden Buches schließt sich im Falle von Patagonia keiner eindeutigen Klassifizierung an. Ohne Zweifel benutzt Patagonia die Widersprüchlichkeit, die dem Demarketingaufruf innewohnt, um Aufmerksamkeit durch kontroverse Werbung zu gewinnen. Aufmerksamkeit, die der guten Sache (der Verhaltensänderung in der Gesellschaft) und auch dem eigenen Umsatz dient. Die Konsequenz, mit der Patagonia Demarketing zum Teil der Unternehmensstrategie, Unternehmenskultur und zum Markenkern gemacht hat, ist dennoch hervorzuheben. Neben den oben aufgelisteten Initiativen präsentierte Patagonia in 2020 die Kampagne „Buy less, demand more", erneut im zeitlichen Zusammenhang mit dem für Überkonsum stehenden Black Friday und erneut mit dem Aufruf, seltener und weniger zu kaufen, um dabei auf Langlebigkeit zu achten und den Kauf von bereits gebrauchter Ware in Erwägung zu ziehen (Chua, 2020). Die widersprüchliche Parallelität, das heißt gleichzeitig für die Marke und gegen Konsum der Markenprodukte zu werben, bleibt bestehen (Schulz et al., 2022).

Die Demarketing-Kampagne von Patagonia im Jahr 2011 wird in zahlreichen wirtschaftsjournalistischen Magazinen und Quellen diskutiert (Chua, 2020; Heuer, 2017; Lowitt, 2011; Thangavelu, 2020; Zacharakis, 2015). Darüber hinaus lassen sich einzelne wissenschaftliche Studien finden, die die Kampagne in den Mittelpunkt von Untersuchungen stellen und nicht nur als Beispiel für Demarketing nennen (Hwang et al., 2014, 2016). Hwang et al. (2016) zeigen auf, dass Studienteilnehmer in einem

experimentellen Ansatz eine weniger kommerzielle Einstufung der Marke
Patagonia angeben, nachdem sie die konsumkritische Botschaft „Don't
buy this jacket" im Vergleich zu einer weniger mit den Erwartungen der
Betrachterinnen und Betrachter brechenden Werbeanzeige gesehen haben.
Dennoch heben die Autoren auch positive Auswirkungen der 2011er
Patagonia-Kampagne hervor: Unabhängig davon, ob Konsumenten oder
Konsumentinnen der Marke kommerzielle Intensionen zuschreiben oder
nicht, erklären Konsumentinnen und Konsumenten eine erhöhte Kauf-
absicht hinsichtlich des Produktes (der Jacke).

3.2.2 Methodische Herangehensweise

Hens (2022) untersucht die Wahrnehmungen und Reaktionen auf die
2011er Patagoniakampagne in einer qualitativ angelegten Studie mit
deutschen Konsumentinnen und Konsumenten. In achtminütigen
Interviews, die vor zwei Patagonia-Verkaufsstätten in Köln und Koblenz
sowie per Videokonferenz stattfanden, zeigt Hens (2022) den Teilnehmerinnen und Teilnehmern die Werbeanzeige aus der New York
Times vom November 2011 und diskutierte die Widersprüchlichkeit der Botschaft, die Glaubwürdigkeit der Kampagne und die Auswirkungen auf die Absendermarke. Ein semistrukturierter zuvor
getesteter Interviewleitfaden ermöglicht Vertiefungen von Argumenten
und Erklärungen von Wahrnehmungen (Hens, 2022). Die parallel
durchgeführten Feldinterviews machen einen Vergleich der Antwortmuster je Standort möglich. Der 250 min umfassende Datensatz wurde
mittels einer qualitativen Inhaltsanalyse nach Mayring kodiert und kategorisiert, um Antwortmuster, Werturteile und erzeugte Assoziationen
zu identifizieren und so die Reaktionen auf die Demarketingkampagne
besser zu verstehen (Hens, 2022; Mayring, 2004).

3.2.3 Erkenntnisse

Die interpretative Auswertung der Aussagen der Teilnehmerinnen
und Teilnehmer zeigt drei prägnante Ergebnisse auf (Hens, 2022).
Erstens reflektieren die Interviewees deutlich, dass die Kampagnenbot-

schaft („Kaufen Sie nicht!") in Verbindung mit einem wirtschaftlichen kommerziellen Unternehmen als Absender inkongruent erscheint und widersprüchlich wirkt (Hens, 2022). Originaltöne wie „widersprüchlich", „überraschend", „verwundernd" und „kontrovers" zeigen wie verstörend der Antikonsum-Aufruf eines Wirtschaftsunternehmens – auch in einer Befragung 11 Jahre nach dem Erscheinen der Anzeige – wirkt (Hens, 2022). Nichtsdestotrotz sprechen zahlreiche Interviewteilnehmerinnen und -teilnehmer davon, dass die Kampagnenbotschaft glaubwürdig sei. Die Gesprächspartnerinnen und -partner führen die Seriosität des Mediums (New York Times) und das sich einander verstärkende Nebeneinander des Beitrages des Unternehmens und des Beitrages von Konsumentinnen und Konsumenten als glaubwürdigkeitsfördernd an. Es steigert die Glaubwürdigkeit weitergehend, dass der Kampagnenabsender nicht nur Verbesserungen ankündigt, sondern auch – „ohne sich zu schonen" – aufzeigt, welche Umweltschäden durch die Produktion von Bekleidung erfolgt (Hens, 2022). Dabei machen die Gesprächsteilnehmerinnen und -teilnehmer deutlich, dass die kommerzielle Intension der Absendermarke Patagonia offensichtlich ist und eine derartige Imagewerbung durchaus kritisch hinterfragt wird (Hens, 2022). Gleichsam spielt es auch eine Rolle, dass das Unternehmen den symbolischen Tag für die Anzeige nutzt, letztlich – so zahlreiche Antworten – zuallererst um aufzufallen und Aufmerksamkeit im Medienrummel zu erhaschen (Hens, 2022). Genau an diesem Tag ist es eine ganz besondere Herausforderung durch Werbung Zielgruppen zu erreichen und in der direkten Konkurrenz zu Rabatt- und Kaufaufrufen Gehör zu finden. Drittens fällt ein Wahrnehmungsmuster auf, dass sich auf den Fließ- oder Werbetext *(Body Copy)* bezieht und damit die begleitenden Ansätze des Unternehmens als sehr positiv einstuft und hervorhebt (Hens, 2022). Die Interviewpartnerinnen und -partner nennen diesbezüglich die inhaltliche Argumentation Bekleidung zu reparieren, länger zu nutzen und aus genutzten Kleidungsstücken herzustellen (Hens, 2022). An dieser Stelle ist Hens (2022) Untersuchung des Umweltinvolvements der Gesprächsteilnehmerinnen und -teilnehmer von Bedeutung: Gesprächspartnerinnen und -partner mit geringerem Involvement reagieren negativer auf die wenig emotionale eher informative Anzeige, wohingegen hochinvolvierte

Gesprächspartnerinnen und -partner die Auseinandersetzung mit dem informationsgeladenen Begleittext suchen und dabei häufiger ein eher positives Werturteil treffen. Die intensivere, kritischere Auseinandersetzung mit einer Kampagne durch höher involvierte Betrachterinnen und Betrachter führt in der beschriebenen Stichprobe Wahrnehmungs- und Antwortmustern, die generell positiver und mit mehr Befürwortung einzustufen sind.

Daneben stufen einige Gesprächsteilnehmerinnen und -teilnehmer den Kampagnenaufruf explizit als widersprüchlich und verwirrend ein und kritisieren die kommerziellen Intensionen (Hens, 2022). Hens (2022) zeigt in einem zusätzlichen Analyseansatz auf, dass die Gesprächsteilnehmer fast durchweg eher befürwortend oder eher ablehnend auf die Anzeige reagieren. Diese Spaltung in ein positives oder ein negatives Werturteil zeigt, wie riskant ein Demarketingansatz ist. Und dies selbst für ein Unternehmen, welches sich seit seiner Gründung als Aktivist für weniger Umweltverschmutzung und Ausbeutung sieht und eine positive Umweltreputation hat (Heuer, 2017).

„In der qualitativen Studie zur Untersuchung von Wahrnehmungen und Reaktionen der Patagonia-Kampagne von 2011 in Bezug auf die Thematik des Green Demarketings konnten sich viele differenzierte Eindrücke von befragten Teilnehmern und Teilnehmerinnen identifizieren lassen. Dabei überraschte mich am meisten, dass die Botschaft von Patagonia durch ihren aufmerksamkeitserregenden Slogan zum Nachdenken und Hinterfragen der Rezipienten anregte – trotz der eher informativen und weniger emotionalen Gestaltung der Kampagne. Es zeigte sich, dass durch die kommunizierte Transparenz von Patagonia zur gemeinsamen Initiative, den Konsum in Bezug auf Kleidung zu reduzieren, Kleidung zu reparieren, wenn diese beschädigt ist und Kleidung wiederzuverwenden oder zu recyceln, als positiv bewertet worden ist, da durch konkrete Hilfeleistungen durch Patagonia dazu aufgerufen wird, seinen Konsum zu reduzieren und Anregungen gibt, wie man diesen relativieren kann. Wenn ich eine solche Kampagne gestalten und umsetzen würde, würde ich darauf achten, dass einerseits emotionale und andererseits informative Aspekte aufeinandertreffen, um eine möglichst heterogene Zielgruppe auf die Auswirkungen von Konsum in Bezug auf die Umwelt aufmerksam machen zu können. Zudem könnte dadurch die Verständlichkeit der Kampagne begünstigt werden. Dabei würden sich verschiedene Online-Kommunikationskanäle anbieten, die es 2011 zur Publizierung der Patagonia-Kampagne noch nicht gab, unter anderem Social-Media-Kanäle wie TikTok, die durch das gestiegene Online-Konsumverhalten an Aktualität gewonnen haben. Es lässt sich jedoch festhalten, dass die Forschung am Fallbeispiel der Kampagne „Don't buy this jacket" des Markenunternehmens Patagonia zeigt, dass Green Demarketing die Aufmerksamkeit für die Thematik der Umwelt und des bewussten Konsums in Bezug auf Kleidung in der Gesellschaft stärken kann und dies gezielt als strategisches Instrument nutzen kann, um sich ein Alleinstellungsmerkmal erschaffen zu können, wenn es um die Kommunikation von Nachhaltigkeit geht."

(Leonie Hens – verantwortlich für die Durchführung der Studie zu Patagonia; aus persönlicher Kommunikation mit dem Autor via E-Mail)

3.3 Levi's: Buy better, wear longer!

3.3.1 Levi's und die Kampagne

Die Modebranche, insbesondere im Fast-Fashion-Bereich, ist geprägt von Schnelllebigkeit und in Verbindung damit stehenden omnipräsenten absatzfördernden Maßnahmen, nie enden wollenden Abverkäufen, Rabattaktionen und immer weniger Langlebigkeit und Qualität der Produkte. Auf der anderen Seite stehen Trends wie Slow Fashion und branchenweite Initiativen zur Verbesserung von Produktionsprozessen und Arbeitsbedingungen. Selbst etablierte Fast-Fashion-Anbieter rufen CSR-Aktivitäten und Green-Marketing-Aktionen ins Leben, um Ihre Kunden davon zu überzeugen, dass sie sozial verantwortlich handeln (Hesse & Hofschulte, 2021).

Das Unternehmen Levi's gehört zu jenen amerikanischen Traditionsunternehmen, die für Premiumqualität und Langlebigkeit stehen. Im April 2021 reagierte das Unternehmen auf den weltweit explodierenden Modekonsum mit einer Kampagne, die Verbraucherinnen und Verbraucher auffordert, bessere Kleidung zu kaufen und diese länger zu tragen, anstatt wie bisher schnelllebige Kollektionen immer wieder neu zu kaufen (Levi's, 2021). Der Kampagnenslogan „Buy better, wear longer" steht für den Kauf von langlebigen Produkten und damit die Reduktion der Gesamtnachfrage. Das Unternehmen wählt zur Ausspielung der Kampagne einen multimedialen Ansatz, in dessen Mittelpunkt zunächst ein Videoclip steht, der den Kampagnenansatz vorstellt. Im weiteren Verlauf werden sechs Testimonials vorgestellt und in eigenen thematischen Werbefilmen eingesetzt. Dabei handelt es sich um Jaden Smith (Schauspieler), Emma Chamberlain (Social Media Influencerin), Marcus Rushford (Profifußballer), Xije Bastida (Umweltakivistin), Melati Wijsen (Umweltaktivistin) und Xiuhtezcatl Martinez (Umweltaktivist). Die sechs Protagonisten, von Levi's als „Changemaker" bezeichnet, unterstützen die Kampagne aktiv durch Teilen und Kommentieren von Beiträgen in sozialen Netzwerken. Diese Form des Influencerdemarketings stellt eine zuvor nicht erkennbare Ausgestaltung von Demarketingkommunikation dar.

Die Kampagne des Premiumanbieters Levi's wird seitens des Autors des vorliegenden Werkes als Green Demarketing (Abschn. 2.5) eingestuft. Das Unternehmen ruft zunächst grundsätzlich dazu auf, bessere und langlebigere Produkte zu kaufen und diese länger zu tragen, um so durch weniger Konsum (Abschn. 2.7, Downstream Demarketing) die Umweltschäden der Kleidungsherstellung zu reduzieren. Gleichzeitig thematisiert das Unternehmen die Bemühungen, in der Kleidungsproduktion weniger Schaden anzurichten, in dem Materialien und Prozesse verbessert werden (Abschn. 2.7, Upstream Demarketing). Wie andere Demarketingabsender setzt Levi's auf institutionelle Werbung, ohne ein einzelnes spezifisches Produkt hervorzuheben. Die Kampagnenbotschaft lässt sich in folgendem Sinne interpretieren: „Kauf bessere Produkte der Marke Levi's und trage sie länger, sodass Du nicht immer neu kaufen musst und reduziere so die Umweltbelastung deines Konsums". Wenngleich der Aufruf, weniger oder seltener zu kaufen in dieser Kampagne eher implizit integriert ist, repräsentiert die Botschaft eine Gegenbewegung zum Konsum und überrascht inmitten der Markenkommunikation der Bekleidungsindustrie. Anhand der ursprünglichen Definition von Kotler und Levy (1971) ist aus Sicht des Autors des vorliegenden Werkes hier eine Klassifizierung als ostensibles Demarketing mit dem eigentlichen Ziel der Nachfragesteigerung auf Markenebene am ehesten angemessen.

3.3.2 Methodische Herangehensweise

Sedova (2022) stellt Konsumentenwahrnehmungen der Levi's-Demarketingkampagne in den Mittelpunkt ihrer qualitativen Studie. Das Ziel der Untersuchung ist ein tiefergehendes Verständnis des wenig untersuchten Phänomens der Demarketingwerbung und der damit verbundenen Konsumentenreaktion zu ermöglichen. In insgesamt 50 kurzen Feldinterviews im Mai 2022 unmittelbar vor zwei Ladengeschäften der Marke Levi's in Bonn und Koblenz, diskutierte die Autorin die Wahrnehmung und Wirkung der Kampagne mit zufällig ausgewählten Levi's-Kunden unterschiedlichen Geschlechts und Alters (Sedova, 2022). Die Ad-hoc-Interviews basierten auf einem zuvor getesteten semi-strukturierten Interviewleitfaden, der der Interviewerin Raum für Vertiefung gab. In Ergänzung zu den Feldinterviews konnte die Autorin 52 Probandinnen und Probanden gewinnen, die einen Fragebogen mit offenen Fragen und ohne standardisierte Antwortmöglichkeiten vollständig beantworteten (Sedova, 2022). Die Teilnehmerinnen und Teilnehmer an dieser Online-Befragung wurden über soziale Netzwerke gewonnen, sodass verschiedene Einflüsse auf die Stichprobe berücksichtigt werden müssen (Sedova, 2022). Inhaltlich ging es in beiden Befragungsvarianten um die spontanen Wahrnehmungen in Bezug auf die Demarketingkampagne von Levi's sowie Aussagen der Befragten hinsichtlich der Bewertung und Wirkung der Kampagne (Sedova, 2022).

Der Datensatz der Studie umfasste 250 min Interviewtranskripte sowie 52 offen beantwortete Fragenbögen und wurde mit einer induktiven qualitativen Inhaltsanalyse ausgewertet (Sedova, 2022). Unterstützt durch die Analysesoftware Atlas.ti konnten so Reaktions- und Wahrnehmungsmuster kodiert und kategorisiert werden. Basierend auf den nicht-standardisierten Gesprächen sowie deren subjektiver interpretativer Auswertung können die gewonnenen Erkenntnisse nicht verallgemeinert werden, leisten aber einen wichtigen Beitrag zu einem tiefergehenden Verständnis von Konsumentenwahrnehmungen von Demarketingkommunikation. Besonders hervorzuheben ist der Einsatz von Influencerdemarketing, der nach bestem Wissen des Autors in Sedovas (2022) Studie erstmalig empirisch untersucht wurde.

3.3.3 Erkenntnisse

Die Verbraucherreaktionen auf die Levi's-Demarketingkampagne waren gemischt, das heißt Reaktionen von Befürwortung, Unentschlossenheit bis zu Mustern der Ablehnung waren erkennbar (Sedova, 2022). Dieses breite Reaktionsspektrum ist aus anderen Demarketingkampagnen bekannt, allerdings etwas überraschend, da Levi's eine weniger explizite Demarketingbotschaft wählte und zur Verstärkung Influencer einsetzte. Die Untersuchung zeigte, dass Verbraucherinnen und Verbraucher, die online antworten im Vergleich zu Verbraucherinnen und Verbrauchern die persönlich im Rahmen der Kaufsituation interviewt werden, kritischer und häufiger abgeneigt reagieren (Sedova, 2022). Ein Erklärungsansatz ist hier, dass Onlinebefragungsteilnehmerinnen und -teilnehmer nicht per Zufall ausgewählt wurden. Dementsprechend ist ein erhöhtes Umweltinvolvement zu erwarten, da die Teilnehmerinnen und Teilnehmer aufgrund einer intrinsische Motivation an der Befragung teilnahmen. Im Gegensatz dazu sind persönlich interviewte Gesprächsteilnehmerinnen und -teilnehmer direkt und im Kontext des Ladenbesuchs zufällig angesprochen wurden (Sedova, 2022). Dieser Unterschied in den Konsumentenreaktionen in anonymen Onlinebefragungen und den Konsumentenreaktionen in Feldinterviews am Ort des (Konsum-)Geschehens beziehungsweise der Umweltbelastung ist aus der Studie zur Konsumentenwahrnehmung der Demarketingkampagne der Fluglinie KLM bekannt, die Hesse und Rünz (2020) durchführten (Abschn. 3.5). Die Anonymität und Distanz im Rahmen einer Onlinebeantwortung scheint Probandinnen und Probanden eine Art Legitimation zu geben, sozusagen unentdeckt eine kritischere Haltung zum Thema menschenverursachte Umweltbelastung abzugeben. Die zu erwartende Verzerrung, dass Interviewees Antworten geben, die dem entsprechen, was sozial erwünscht ist (social desirability bias), fällt im anonymeren situativen Kontext geringer aus (Crowne & Marlowe, 1960).

Eine zweite Erkenntnis der Studie Sedovas (2022) ist, dass sich Konsumentinnen und Konsumenten intensiv mit dem Thema der Kampagne auseinandersetzen. Die hinter der Kampagne liegende Intension des Absenders war gleichsam wichtiger Diskussionspunkt während Umsetzungselemente oder auch der Einsatz von Influencern nur in wenigen Fällen diskutiert wurden (Sedova, 2022). Sedova (2022) hebt dabei hervor, dass die Konsumentinnen und Konsumenten der Absendermarke vor allem kommerzielle Motive wie Absatzsteigerung und Imageaufbesserung und nur bedingt soziale Motive wie Nachhaltigkeitssteigerung vermuten. Dabei ließ sich nicht eindeutig erkennen, welche Rolle die bisherige Umweltreputation der Marke spielt (Sedova, 2022). Die Kampagnenbotschaft wurde von einigen Gesprächspartnerinnen und -partnern kritisch hinterfragt, da der Aufruf „Buy better" als „Kauf besser und bezahle mehr dafür" interpretiert wurde (Sedova, 2022). Konsumentinnen und Konsumenten äußerten demnach den Verdacht, dass der Aufruf zu besserem Konsum eher ein Aufruf zum Kauf von höherpreisigen und damit für das Unternehmen profitableren Produkten ist (Sedova, 2022). Ein solches Wahrnehmungsmuster zeigt sich im Fall von verschiedenen Demarketingkampagnen, insbesondere in der Bekleidungs- und Luxusgüterindustrie (zum Beispiel Patek Geneve, Patagonia Abschn. 3.2). Kauf weniger, dafür aber teurer, lautet zwar nicht die Botschaft, aber in einigen Fällen wird ebendies wahrgenommen.

Der Einsatz von Influencern als Testimonials der Videoclips sowie die gezielte Verbreitung des Kampagneninhalts über soziale Medien durch die Influencer stellt eine neue Ausgestaltung von Demarketingkommunikation dar. Auf der Basis von Sedovas (2022) qualitativer Analyse lassen sich erste Vermutungen ableiten, mit denen sich zukünftige Studien zum Thema Influencerdemarketing beschäftigen sollten. 1) Die Befragten äußerten sich uneindeutig zur Rolle der Influencer, sodass sich kein positiver, negativer oder neutraler Einfluss ableiten lässt. Dennoch lassen eine hohe Bekanntheit (somit auch eine hohe Reichweite) und die ökologische Reputation der Influencer eine gesteigerte Glaubwürdigkeit des Einsatzes der Influencer in der Demarketingkampagne vermuten (Sedova, 2022). Auch diese Schlussfolgerung bedarf weiterer empirischer Belege, da auch Gegenargumente genannt werden, die die Instrumentalisierung von an sich glaubwürdigen Testimonials für eine kommerzielle Kampagne hervorheben (Sedova, 2022). Es läßt sich dabei nicht erkennen, dass die Bekanntheit der Influencer eine Rolle spielt, da Probandinnen und

Probanden, die keinen der Influencer kannten, dennoch eine eher positive Wahrnehmungsbeschreibung der Demarketingkampagne äußern (Sedova, 2022). Gleiches gilt für die eher negativen Wahrnehmungsbeschreibungen, die ebenso keinen Zusammenhang zur Bekanntheit der Influencer erkennen ließen. Ein Interviewteilnehmer fasst dies zusammen: „Ob das nun ein Prominenter erzählt oder ob das ein unbekannter ‚No-name' sagt, würde für mich keine Rolle spielen" (Sedova, 2022).

„Am meisten hat mich überrascht, dass die Befragten der Studie die Glaubwürdigkeit der Influencer in Frage und deren Motivation zu der Teilnahme an der Werbekampagne stellten. Wenn ich eine solche Kampagne gestalten würde, würde ich drauf achten, dass nicht nur die prominenten Personen und die Botschaft im Fokus stehen, sondern auch deren Erfolge in den Bereichen Klima- und Umweltschutz."

(Yekatarina Sedova – verantwortlich für die Durchführung der Studie zu Levi's; aus persönlicher Kommunikation mit dem Autor)

3.4   Bio Company: Kauf weniger!

3.4.1 Bio Company und die Kampagne

Lebensmittel zu kaufen, um sich oder eine Familie zu versorgen, erscheint auf den ersten Blick als unverfänglich und essenziell hinsichtlich des Konsumverhaltens von Verbraucherinnen und Verbrauchern. Supermärkte, Bio-Märkte und Herstellerunternehmen in der Lebensmittelindustrie stellen in ihrer Marketingkommunikation und Öffentlichkeitsarbeit seit einigen Jahren ökologische Themen in den Vordergrund. Sie reagieren so auf die konsumentenseitige Entwicklung zu bewussterem Konsum. Im Speziellen sind Überkonsum, Lebensmittelverschwendung und die Auswirkungen des Fleisch- und Milchkonsums auf den Klimawandel Gegenstand öffentlicher Debatten.

Das deutsche Unternehmen Bio Company platzierte im September 2019 den Aufruf „Kauf weniger!" in Werbeanzeigen und auf Werbeplakaten in Berlin, letzteres insbesondere im direkten Umfeld der eigenen

Ladengeschäfte. Social-Media-Kanäle wie Facebook und Instagram wurden gezielt genutzt, um die Reichweite der institutionellen Markenkampagne zu steigern. „Kauf weniger! Weil uns Nachhaltigkeit wichtig ist. BIO COMPANY", „Mehr als genug ist zu viel. BIO COMPANY", „Weniger Fleisch schmeckt nicht weniger lecker. BIO COMPANY" und „Überfluss ist doch Käse. BIO COMPANY" sind beispielhafte Kampagnentexte. Das Unternehmen, das sich selbst als „Obst- und Gemüseladen" bezeichnet (Bio Company, 2018), ist spezialisiert auf biologische und nachhaltige Produkte und bietet diese in Ladengeschäften in Berlin, Hamburg und Dresden an.

Die Kampagne „Kauf weniger!" wird als Green Demarketing (Abschn. 2.5) eingestuft. Das Unternehmen ruft auf institutioneller Ebene dazu auf, weniger zu kaufen, also sozial verantwortlich gegen den Überkonsum und gegen Verschwendung zu agieren. Gleichsam bietet Bio Company implizit an, die Ladengeschäfte des Unternehmens zu nutzen. Eine entsprechende Interpretation des Demarketingaufrufs ist „Kauf weniger! Und was Du kaufen musst, kauf bei uns! Denn bei uns gibt es nachhaltigere Produkte!" Dieser Aufruf auf institutioneller Ebene ohne speziellen Produktbezug gepaart mit dem Aufruf einer Fokussierung auf die beworbene (Unternehmens-)Marke passt sehr gut zur Definition von Green Demarketing von Armstrong Soule und Reich (2015). Nutzt man Kotler und Levys (1971) Typologie wäre am ehesten eine Einordnung als ostensibles Demarketing passend, da das Unternehmen zwar augenscheinlich zum Nutzen der Umwelt den Konsum einschränken mag, aber zugleich nach einer gezielten Steigerung der eigenen Verkäufe streben dürfte, indem die Lenkung der Nachfrage zugunsten der Umwelt auf nachhaltige Produkte erfolgt. Die Kampagne von Bio Company ist gleichzeitig als Corporate Social Demarketing einzuordnen, da unternehmensseitig eine gesellschaftlich wertvolle Verhaltensänderung (weniger kaufen, weniger Müll) intendiert wird und so eine Gegenbewegung zum unüberlegten Überkonsum initiiert wird. Die Kampagnentexte gehen dabei gezielt auf Fokusthemen wie Fleischkonsum und Überfluss ein.

3.4.2 Methodische Herangehensweise

Von Selchow (2022) untersucht das Fallbeispiel „Kauf weniger! BIO COMPANY" in einer qualitativen Studie basierend auf 95 kurzen Feldinterviews mit Kundinnen und Kunden im Mai 2022 unmittelbar vor drei Supermärkten der Kette Bio Company in Berlin. Die Gespräche mit Kundinnen und Kunden basieren auf einem zuvor getesteten semi-strukturierten Interviewleitfaden, der je nach Gesprächsverlauf eine Vertiefung von Inhalten zuließ. Inhaltlich liegt der Fokus der „In-Situ"-Gespräche (Arsel, 2017) auf der Wahrnehmung des widersprüchlich wirkenden Kampagnenaufrufs. Die Kundinnen und Kunden setzten sich verbal damit auseinander, ob der Aufruf glaubwürdig ist, folglich, ob das Unternehmen Bio Company tatsächlich möchte, dass Kundinnen und Kunden weniger kaufen. Im weiteren Verlauf wurde der erkennbare Green-Demarketing-Ansatz generell andiskutiert. Der 343 min umfassende Datensatz wurde transkribiert und anschließend mit einer induktiven qualitativen Inhaltsanalyse ausgewertet (von Selchow, 2022). Unterstützt durch die Analysesoftware Atlas.ti konnten so Reaktions- und Wahrnehmungsmuster kodiert und kategorisiert werden. Basierend auf den nicht-standardisierten Gesprächen sowie deren subjektiver interpretativer Auswertung können die gewonnenen Erkenntnisse nicht verallgemeinert werden, leisten aber einen wichtigen Beitrag zu einem tiefergehenden Verständnis der Konsumentenwahrnehmungen von Demarketingkommunikation.

3.4.3 Erkenntnisse

Die Autorin zeigt ein Spektrum an positiven und negativen Reaktionen auf die Kampagne auf, wobei kritische Auseinandersetzungen und Skepsis hinsichtlich der Intension des Unternehmens in den Reaktionen deutlicher zu erkennen sind als in anderen Studien (von Selchow, 2022). Die Unterschiedlichkeit der Reaktionen kann zunächst wieder mit der Widersprüchlichkeit des Demarketingansatzes erklärt werden. Zahlreiche Gesprächspartnerinnen und -partner deuten zudem an, dass die Glaubwürdigkeit des „Kauf-weniger"-Aufrufes eines gewinnorientierten Unternehmens daran festgemacht wird, wie das Unternehmen in der Vergangenheit mit Umweltthemen umging (von Selchow, 2022). Im Falle des Marktneulings Bio Company ein entsprechend schwieriges Unterfangen, sodass die Autorin zum Fazit kommt, dass die Kampagne eher unglaubwürdig wahrgenommen wurde und auch die Unternehmensmarke nicht erkennbar davon profitierte (von Selchow, 2022). Eine Erklärung dessen kann auch darin liegen, dass Supermärkte an sich eine eher negativ belastete Umweltreputation beispielsweise hinsichtlich Lebensmittelverschwendung haben. Dies bedeutet für Markenverantwortliche, beispielsweise etablierter Konsumgütermarken, dass Demarketing im Rahmen der Ökologie-orientierten Repositionierung und Weiterentwicklung von Marken im frühen Stadium als ein riskanter Ansatz einzustufen ist (Hesse, 2022). Das Beispiel der Bio Company lässt vermuten, dass neben dem bisherigen Unternehmensimage des Absenders auch das Branchenimage die Konsumentenwahrnehmung belasten kann. Gleichwohl, wie auch in anderen Fallbeispielen erkennbar, sehen viele Konsumenten positive Aspekte in der thematischen Verhaltensänderung zu der Bio Company aufrief.

Unternehmen, die Demarketingansätze in ihrer Marken- oder Produktkommunikation einsetzen, beabsichtigen häufig eine Positionierung der Unternehmens- oder Dachmarke als umweltfreundlich oder sozial verantwortlich. Daraus lässt sich die Fragestellung ableiten, ob Konsumentinnen und Konsumenten einen Transfer von der Wahrnehmung einer Demarketingkommunikation auf das Image einer Unternehmens- oder Dachmarke vornehmen und inwieweit der Positionierungsansatz unterstützt wird und gelingt. Von Selchow (2022) zeigt auf, dass nur einzelne Konsumenten einen solchen Transfer in ihrer Reflektion zu Marke und Kampagne erkennen lassen. Ein deutliches Reaktionsmuster hingegen ist: viele Gesprächspartnerinnen und Gesprächspartner erklären, dass ein wie auch immer gearteter werblicher Aufruf, das Image eines Unternehmens nicht direkt und schon gar nicht das Kaufverhalten unmittelbar beeinflusse (von Selchow, 2022). Darüber hinaus fallen Aussagen wie „ich kaufe nicht wegen dem Unternehmen oder dessen Image hier ein, sondern weil es für mich am bequemsten ist, die Produkte zu erhalten, die ich kaufen will."

(von Selchow, 2022). Der kundenseitige Pragmatismus in Bezug auf essenzielle Kaufentscheidungen wirft die Frage auf, ob hedonistische und utilitaristische Güter unterschiedliche Voraussetzungen für Demarketingkampagnen darstellen.

Neben Aussagen wie „zu werblich", „kapitalistisch" und „unehrlich", welche die kritisch-skeptischen Antwortmuster repräsentieren, stehen positive und befürwortende Reaktionen zur Kampagne (von Selchow, 2022). Dabei bestätigen sich Wahrnehmungsmuster, die Hesse und Rünz (2020) in einer Untersuchung einer ähnlichen institutionellen Demarketingkampagne entdeckt haben (Abschn. 3.5). Konsumenten befürworten eher die Themen des gesellschaftlichen Verantwortungsbewusstseins und des Natur- und Umweltschutzes an sich, aber weniger den Einsatz, die (Aus-)Nutzung oder die Instrumentalisierung dieser Themen in kommerziellen Umfeldern wie Werbeplakaten und Werbevideos (Hesse & Rünz, 2022).

Wenngleich das Forschungsdesign der Untersuchung von Selchow (2022) quantitative Auswertungen von Häufigkeiten sowie Zusammenhänge von Variablen nur bedingt belastbar zulässt, sind einzelnen Auffälligkeiten nennenswert. So unterscheiden sich die Antworten je nach Ort der Befragung deutlich. Während im sozialen Brennpunktviertel Berlin-Neukölln männliche Interviewpartner kaum positiv auf die Kampagne reagieren, zeigen sich männliche Interviewpartner im kaufkraftstärkeren Viertel Berlin-Zehlendorf deutlich befürwortender und damit ähnlich dem Anteil befürwortender Frauen an beiden Befragungsorten (von Selchow, 2022). Ein Erklärungsansatz dessen liegt in der Annahme, dass Zehlendorfer Befragungsteilnehmer dem Thema „Überkonsum" mehr Bedeutung zuschreiben als Neuköllner Befragungsteilnehmer – und, dass das damit verbundene höhere Involvement und die damit einhergehende kritischere Auseinandersetzung nicht (!) zu mehr Ablehnung führte. Die Häufigkeitsauswertungen belegen gleichsam die existierende Annahme, dass Befragungsteilnehmerinnen weniger Skepsis an den Tag legen, wenn es um Demarketingbotschaften geht (Loe et al., 2000), ohne dass dadurch die uneindeutigen Forschungsergebnisse zur Geschlechterhaltung hinsichtlich Demarketing und Green Marketing aufgelöst werden könnten (von Selchow, 2022). Interessant ist in diesem Zusammenhang auch, dass Vergleiche der Antworten verschiedener

Altersgruppen keine unterschiedlichen Wahrnehmungsmuster erkennen lassen (von Selchow, 2022).

Unter Berücksichtigung der Aussagen von Konsumentinnen und Konsumenten lässt sich die Kampagne von Bio Company konsistent zur zuvor genannten Einstufung als Green-Demarketing-Kampagne, die institutionell umgesetzt wird, einordnen. Insgesamt wird auch in diesem Fallbeispiel deutlich, dass Green Demarketing einen wertvollen Beitrag zur Differenzierung und Ökologie-orientierten Positionierung von Marken leisten kann. Dabei gilt es, ein existierendes Risiko zu berücksichtigen, insbesondere wenn die Absender oder Branchen bisher eher kritisch hinsichtlich ihrer Umwelthaltung gesehen werden. Gleichsam bestätigt von Selchows (2022) Studie ansatzweise andere Quellen in dem Sinne, dass Markenverantwortliche transparent und klar kommunizieren sollten, wie der Absender von Demarketing selbst einen Beitrag leistet (Armstrong Soule & Reich, 2015; Hesse & Rünz, 2020).

„Überrascht hat mich an der Studie besonders, wie hoch der Anteil der Personen war, die die Kampagne als unglaubwürdig empfunden haben, trotz des eindeutig nachhaltigen Hintergrunds der BIO COMPANY. Um dem entgegenzuwirken hätte ich bei der Gestaltung der Kampagne darauf geachtet auch Informationen über die Lebensmittelverschwendung anzugeben und darzulegen, was durch einen verringerten Konsum erreicht werden könnte. Dies könnte bei einigen Konsumenten dazu führen, dass die Kampagne als weniger plakativ und heuchlerisch angesehen wird, was wiederum einen positiven Effekt auf das Brandimage haben könnte."

(Hanna von Selchow – verantwortlich für die Durchführung der Studie zu BioCompany; aus persönlicher Kommunikation mit dem Autor)

3.5   KLM: Fly responsibly!

3.5.1 KLM und die Kampagne

Die Kampagne „Fly Responsibly" der niederländischen Fluggesellschaft KLM ruft zu verantwortungsbewusstem Fliegen auf und wurde inmitten der öffentlichen Debatte über die Umweltbelastung insbesondere durch Kurzflüge und Vielflieger im Jahr 2019 geschaltet. Die Zahl der weltweit von allen Fluggesellschaften durchgeführten Flüge war innerhalb von fünf Jahren um 20 % auf über 45 Mio. Flüge im Jahr 2018 gestiegen (Statista, 2020). Das Aufkommen des Begriffs „Flugscham", der sich auf das Unbehagen umweltbewusster Reisender am Fliegen (Guardian, 2020) bezieht, zementiert das schlechte Umweltimage der Luftfahrtindustrie. Bis zum Ausbruch der Corona-Pandemie in 2020 war der Luftverkehr eine ständig wachsende Quelle der Umweltverschmutzung, insbesondere in Bezug auf die CO_2-Emissionen. Dementsprechend verwundert es nicht, dass Reisende zunehmend auf die ökologische Verantwortung von Fluglinien achten und die Umweltreputation einen Einfluss auf deren Buchungszahlen zu haben scheint (Hagmann et al., 2015). Laut zwei Studien, die die wahrgenommene Umweltfreundlichkeit von Fluggesellschaften aus Sicht der Verbraucher untersuchen, liegt KLM als Full-Service-Anbieter im Mittelfeld und rangiert deutlich vor Low-Cost-Carriern wie beispielsweise Ryanair (Hagmann et al., 2015; Mayer et al., 2012). Im Bereich CSR hebt das Unternehmen KLM vor allem sein Corporate-Biofuel-Programme hervor, das CO_2-Kompensationsleistungen erbringt (KLM, 2019).

KLM war laut Hesse und Rünz (2020) die erste Fluggesellschaft, die explizit eine Ökologie-orientierte Demarketingbotschaft in einer (institutionellen) Werbung in den Mittelpunkt stellte. Die Wahl der KLM-Kampagne als Fallbeispiel ermöglicht eine zeitnahe Analyse eines aktuellen Green-Demarketingwerbefilms (Hesse & Rünz, 2020), anstatt zu Untersuchungszwecken ein experimentelles Design mit einem hypothetischen Produkt zu verwenden (Ellen et al., 2006; Reich & Armstrong Soule, 2016). Die Wahl einer Marke mit einem eher kritischen Umweltmarkenimage in einer CO_2-emittierenden Branche ist als Fallstudie vielversprechend (Hesse & Rünz, 2020), um ein bedeutendes Phänomen unter seltenen Umständen zu beschreiben und zu untersuchen (Eisenhardt & Graebner, 2007).

Der Videoclip von KLM führt in die Geschichte des Fliegens ein und erinnert die Zuschauer an ihre ersten Erfahrungen mit dem Fliegen. In einer späteren Szene wird das Fliegen als umweltbelastendes Konsumverhalten emotional als Risiko für zukünftige Generationen dargestellt.

Zugleich werden Alternativen zur Ablösung des bisherigen Konsumverhaltens (z. B. Bahnverkehr) aufgezeigt und die Verbraucher gemeinsam
mit der Luftfahrtindustrie aufgefordert, sich für ein „verantwortungsvolles" Fliegen einzusetzen. Zusätzlich zu den audiovisuellen Elementen
der Kampagne bot KLM eine Website mit zusätzlichen Informationen
an.

Die Kampagne der Fluglinie kann typologisch als Green-
Demarketing-Kampagne bezeichnet werden. Der Dienstleister ruft dazu
auf, grundsätzlich weniger zu fliegen, mehr Meetings virtuell durchzu-
führen und für kurze Strecken die Bahn zu nutzen. Mit diesem Aufruf zum Verzicht auf (Kurzstrecken-)Flüge verbindet die Fluglinie ihre
eigene Marke: „Fliegen Sie nur falls notwendig und wenn, dann mit
uns!" könnte man die versteckte Botschaft interpretieren. Es handelt
sich um eine Reduktion auf Ebene der Produktkategorie und zugleich
ein Bewerben der eigenen Marke. Ob es sich dabei um ostensibles
Demarketing (Kotler & Levy, 1971) handelt oder es dem Unternehmen
wirklich um Natur, Umwelt und um zukünftige Generation geht,
hinterfragen laut Hesse und Rünz (2020) zahlreiche Betrachterinnen
und Betrachter. Der grundsätzliche Ansatz, Kurzstreckenflüge durch die
Nutzung der Bahn zu substituieren, kann als Downstream-Demarketing
verstanden werden (Abschn. 2.7).

3.5.2 Methodische Herangehensweise

Der Schwerpunkt der 2020 im Journal of Marketing Communications
veröffentlichten Studie liegt auf im Feld gezeigten Verbraucherreaktionen auf die zuvor genannte KLM-Kampagne (Hesse & Rünz,
2020). Die Studie untersucht induktiv, wie Reisende und zusätzlich
Onlinebefragte auf eine Demarketingkampagne reagieren, welche
Themen sie berücksichtigen, ob sie sich auf den Einfluss bestimmter
Elemente der Kampagne konzentrieren, wie sie die Absichten hinter der
Werbung hinterfragen und ob und inwieweit dies zu einer Bewertung
der Kampagne führt (Hesse & Rünz, 2020). Ziel der Untersuchung
ist es, die Ad-hoc-Interpretationen und -Urteile der Werbeempfänger
qualitativ aufzuschlüsseln, um aussagekräftige Erkenntnisse über das

Wesen von Green-Demarketingkampagnen zu gewinnen (Hesse & Rünz, 2022).

Um relevante Informationen von den Verbraucherinnen und Verbrauchern zu erhalten, wurden – in Anlehnung an ethnografische Forschung – im Oktober 2019 über einen Zeitraum von drei Wochen 213 Interviews offline geführt und 52 Befragte online befragt (Hesse & Rünz, 2020). Um die Validität der Untersuchung zu stärken, wurden Reisende „in situ" (Arsel, 2017, S. 941) in den Wartebereichen der Flughäfen Köln/Bonn und Frankfurt am Main, im Wartebereich des Bahnhofs in Koblenz und in einem Shuttlebus (Buslinie SB60 von Bonn zum Flughafen Köln/Bonn) befragt (Hesse & Rünz, 2020). Diese verschiedenen Schauplätze ermöglichen unterschiedliche Perspektiven und Kontexteffekte zu erfassen. Die Länge der Interviews ist aufgrund der Gegebenheiten des Feldes begrenzt (Arsel, 2017). Die Stichprobe umfasst dabei unterschiedliche Gesprächspartnerinnen und Gesprächspartner in Bezug auf Geschlecht und Alter, sowie Personengruppen in Bezug auf das Reisen: Geschäftsleute, Vielflieger, Familien, Touristen, Urlauber und Beschäftigte in der Branche (Hesse & Rünz, 2020). Der getestete semi-strukturierte Interviewleitfaden konzentriert sich auf Fragen, die sich auf die Wahrnehmung und Bewertung der Kampagne beziehen (Hesse & Rünz, 2020). Angesichts des induktiven Forschungsansatzes wurden drei kampagnenbezogene Fragen bewusst so offen wie möglich formuliert (Gioia et al., 2012). Zur Teilnahme an der ergänzenden Onlinebefragung wurde in verschiedenen Reise- und Tourismus-Communities in sozialen Netzwerken (z. B. Facebook) aufgerufen (Hesse & Rünz, 2020). Die Antworten auf die dabei offen gestellten Fragen wurden anschließend extrahiert (Hesse & Rünz, 2020).

Hesse und Rünz (2020), die als unabhängige Kodierer fungierten, verwalteten die Daten mit einer Software zur Unterstützung der qualitativen Analyse (ATLAS.ti). Die Daten wurden im Sinne des „grounded theory"-Ansatzes ohne ein vorgefasstes Gerüst von Verbraucherreaktionen kodiert, um so unvoreingenommen Muster zu finden und Kategorien zu destillieren (Glaser & Strauss, 1967). Schritt für Schritt identifizierten die Autorin und der Autor eine umfangreiche Liste von Schlüsselbegriffen und wendeten Codes auf 565 Textpassagen an (Gioia et al., 2012).

3.5.3 Erkenntnisse

Unter induktiver Anwendung qualitativer Methoden verdeutlichen die Autorin und der Autor die Auseinandersetzung der Verbraucherinnen und Verbraucher mit der Kampagne (Hesse & Rünz, 2020). Die Verbraucherreaktionen gehen dabei über die Motivzuschreibung an Unternehmen oder Marken hinaus. Die Autorin und der Autor stellen eine positive Reaktion auf das Thema selbst (Umweltschutz) auf der Ebene der Kategorie (Luftfahrtindustrie) fest, während sich die Verarbeitung des inhärenten Widerspruchs durch die Verbraucher eher auf die Absender-Botschafts-Kombination auf Unternehmens- und Markenebene konzentriert (Hesse & Rünz, 2020). Das Spektrum der Verbraucherreaktionen ist wie in zahlreichen anderen Studien breit (Armstrong Soule & Reich, 2015; Hesse & Rünz, 2020). Die Befragten der vorliegenden Studie zeigen allerdings einen auffallend starken Fokus auf das Thema an sich und nicht auf die Motive und Absichten, wie Gilbert und Malone (1995) für anderen Studien aufzeigen.

Eine wichtige, denn neuartige Erkenntnis der Studie liegt darin, dass die Wahrnehmung von Green-Demarketingkampagnen situativ-kontextabhängig zu sein scheint. Die Autoren argumentieren, dass die Reaktionen und Bewertungen der Verbraucherinnen und Verbraucher vom Standort zum Zeitpunkt der Befragung und Kampagnenwahrnehmung beeinflusst werden (Forehand & Grier, 2003; Hesse & Rünz, 2020; Obermiller & Spangenberg, 1998). Darüber hinaus zeigten die Studienteilnehmerinnen und -teilnehmer eine Tendenz, die Idee des „verantwortungsvollen Fliegens" zu befürworten, obwohl die Luftfahrt an sich ein erhebliches Umweltproblem darstellt (Hesse & Rünz, 2020). Dies lässt sich möglicherweise durch das psychologische Bedürfnis erklären, Widersprüche und kognitive Dissonanzen zu vermeiden (Oshikawa, 1969). Am Flughafen fühlen sich die Passagiere offensichtlich für die CO_2-Emissionen eher mitverantwortlich; eine Ablehnung des Themas der Demarketingkampagne wäre daher weder rational noch gesellschaftlich wünschenswert (Hesse & Rünz, 2020). Im Gegensatz dazu haben die Befragten der Onlinebefragung möglicherweise Fragen beantwortet, während sie physisch weit vom Luftverkehrskontext entfernt waren, sodass das Gefühl, persönlich verantwortlich zu sein, geringer ausgeprägt gewesen sein mag. Eine solche physische Distanz könnte es dem Einzelnen ermöglichen, kritischer auf die „Fly responsibly"-Werbung zu reagieren, d. h. die der Werbung innewohnenden Widersprüche und die Kombination von Marke und Botschaft stärker zu hinterfragen (Hesse & Rünz, 2020). Als Schlussfolgerung daraus könnten Vermarkter und Entwickler von Werbekampagnen etwa in der fleischverarbeitenden Industrie situative Faktoren berücksichtigen, etwa um unterschiedliche Kampagnenmotive am Point of Sale (z. B. im Supermarkt) und online in den sozialen Medien zu zeigen.

Ein weiteres Wahrnehmungsmuster ließ sich in der Reaktion der Konsumenten auf die direkte Aufforderung zur Verhaltensänderung („verantwortungsbewusster fliegen") klar identifizieren. Immer wieder erklären befragte Reisende, dass der Urheber einer solchen Kampagne nicht andere zum Handeln (und zur Verhaltensänderung) auffordern soll, sondern selbst handeln muss (Hesse & Rünz, 2020). Im Fallbeispiel der KLM-Kampagne hinterfragen Reisende etwa, inwieweit KLM die eigene Flotte weiterentwickele, um die Umweltbelastung zu reduzieren (Hesse & Rünz, 2020). Fehlende Transparenz, Allgemeinaussagen und fehlende Detailangaben zu den Aktivitäten der Fluglinie werden bemängelt. Wie von Hagmann et al. (2015) aufgezeigt und im Einklang mit Foxalls (1995) Social-Demarketing-Studie, betonen Hesse und Rünz (2020), dass Fluggesellschaften ihren eigenen direkten Beitrag zur Umweltentlastung explizit demonstrieren und ehrlich transparent machen sollten (Forehand & Grier, 2003). Gleiches gilt für Werbekampagnen anderer Industrien, etwa der fleischverarbeitenden Industrie: Es gilt zu überdenken, inwieweit die Umweltauswirkungen der Produktion der Markenprodukte in Kampagnen hervorgehoben werden und wie direkt von den Verbraucherinnen und Verbrauchern ein Beitrag gefordert wird. Verbraucherinnen und Verbraucher erwarten von Markenunternehmen, die Umweltschutz und Klimawandel zum Thema ihrer Markenkommunikation oder Werbung machen, mehr als das bloße Anprangern und „Aufblähen" des gesellschaftlichen Problems (wie beispielsweise Klimawandel oder alkoholbedingte Verkehrsunfälle), nämlich Lösungsansätze und einen Beitrag des Markenunternehmens, welcher sich mit dem Beitrag von Konsumentinnen und Konsumenten ergänzen sollte.

„Es war in der Tat überraschend und unerwartet zu erkennen, dass sich die Reaktions- und Antwortmuster zur KLM-Demarketingkampagne unterscheiden, je nachdem wo (!) man Menschen zu dieser Kampagne befragt. Am Flughafen, dem Ort des Geschehens, also dort, wo das Thema der Kampagne (verantwortungsvoll zu fliegen) sozusagen greifbar ist, zeigen Gesprächsteilnehmerinnen und -teilnehmer weniger und seltener ablehnende Reaktionen auf das Kampagnenthema. Am Flughafen zu antworten, dass verantwortungsvolles Fliegen ein sinnvolles Thema ist, ist nicht inkongruent zur Entscheidung der Flugreisenden, selbst zu fliegen. In vielen Antworten erklären Flugreisende ihre eigenen Entscheidungen und ordnen diese als verantwortungsbewusst ein. Ein positiver Transfer der Kampagnenwahrnehmung auf die Absendermarke KLM war allerdings nicht erkennbar."

(Andreas Hesse – co-verantwortlich für die Datenanalyse der Studie zu KLM)

3.6 Heineken: When you drive, never drink!

3.6.1 Heineken und die Kampagne

Corporate Social Demarketing umfasst Ansätze, die mittels unternehmensseitiger kommunikationspolitischer Maßnahmen oder anderer Elemente des absatzpolitischen Mixes darum bemüht sind, gesellschaftliches Fehlverhalten zu mildern oder gänzlich zu verhindern. Unzuträglicher beziehungsweise ungesunder Nachfrage (Kotler, 1973) begegnen Marketer dabei mit Gegenbewegungen. Als die Gesellschaft zu verstehen begann, dass übermäßiger Alkoholkonsum gesundheitsschädlich sein kann, riefen erste soziale Organisation in Kampagnen dazu auf, weniger zu trinken. Im nächsten Schritt starteten Bierbrauereien sich als „verantwortungsvolle Marken" zu positionieren (Schulz et al., 2022). Dieser Ansatz beinhaltet Ideen des ostensiblen Demarketings, da Konsumenten zwar aufgerufen werden, weniger zu trinken, aber zugleich versichert wird, dass die werbetreibende Marke eine „gute und ehrliche Marke" ist (Bradley & Blythe, 2014, S. 5). Das Unternehmen Heineken setzt den Slogan „Enjoy responsibly" beispielsweise in Bandenwerbungen der größten Fußballwettbewerbe der Welt ein (Heineken, 2022). Der Aufruf „niemals zu trinken, wenn man ein Auto steuert" ist noch expliziter: In einer Kampagne mit dem Slogan „When you drive, never drink" fordert Heineken von Konsumentinnen und Konsumenten, die als Fahrer hinterm Steuer sitzen einen völligen Verzicht aufs Produkt (Heineken, 2022). Die Kampagne von Heineken ist langfristig angelegt und wird in mehreren Ländern geschaltet. Als Testimonials werden unter anderem mehrere aktuelle und ehemalige Formel-1-Rennfahrer eingesetzt (Heineken, 2022).

Der von Heineken gewählte Ansatz lässt sich als Corporate Social Demarketing einordnen, da zu einem bestimmten Verhalten aufgerufen wird, das zum Wohle des Einzelnen und der Gesellschaft ist. Da es sich zugleich um einen Aufruf handelt, eine Produktkategorie (alkoholische Getränke, Bier) nicht zu konsumieren, ist die Einordnung als institutionelles Demarketing zutreffend. Grundsätzlich lässt sich die Kampagne auch als Countermarketing einstufen, da die schädliche Nachfrage im Falle der Kombination Autofahren und Bierkonsum komplett negiert wird beziehungsweise der Produktkonsum zur Folge hat, dass Verbraucherinnen und Verbraucher in ihrer Mobilität eingeschränkt sind (Boddy, 2014; Hall & Wood, 2021). Allerdings wäre im Falle einer klaren Anwendung von Countermarketing ein deutlicheres Hervorheben der Produktnachteile zu erwarten. Hinweise wie „Bierkonsum benebelt" und „Bier führt zu Kontrollverlust" wären dementsprechend vorstellbar. Interpretiert man die Kampagne als Positionierungsversuch und den Ansatz als verantwortungsvolle Marke zu erscheinen als Differenzierungsstrategie, so kann man Heinekens Aktivität auch als ostensibles Demarketing und als strategisches Demarketing klassifizieren. Demnach versucht das Unternehmen sich schlicht von zahlreichen anderen Biermarken abzuheben, um so die Nachfrage nach der eigenen Marke indirekt und langfristig zu steigern.

3.6.2 Methodische Herangehensweise

Reinschmidt (2022) untersucht in einer methodisch qualitativen Studie Konsumentenreaktionen auf die „When you drive, never drink"-Kampagne von Heineken. Reinschmidts (2022) Datenbasis besteht aus 31 Interviews mit jungen Konsumentinnen und Konsumenten. Die Auswahl von 18–29jährigen erfolgte, da diese zu den aktivsten Bierkonsumentinnen und -konsumenten gehören (Reinschmidt, 2022). Die durchschnittlich zehnminütigen Interviews wurden in internetbasierten Videokonferenzen im Juni 2022 in Deutschland durchgeführt (Reinschmidt, 2022). Den Teilnehmerinnen und Teilnehmern wurde ein Kampagnenvideo gezeigt und im Anschluss wurden offene Fragen gestellt. Der inhaltliche Aufbau der Gespräche variierte basierend auf einem getesteten semi-strukturierten Interviewleitfaden (Reinschmidt, 2022). Die Struktur der Interviews sicherte eine ausreichende Vergleichbarkeit, während die Offenheit der Fragenreihenfolge die Vertiefung von bestimmten im Interview aufkommenden Aspekten ermöglichte. Nach der wörtlichen Transkription des 310 min umfassenden Datensatzes erfolgte eine qualitative Inhaltsanalyse mithilfe der Software MAXQDA (Reinschmidt, 2022).

3.6.3 Erkenntnisse

Reinschmidt (2022) beschreibt die spontanen Reaktionen der Gesprächspartnerinnen und -partner auf die Kampagne als überwiegend befürwortend hinsichtlich der Thematik der Werbekampagne an sich. Zahlreiche Aussagen der Gesprächspartnerinnen und -partner zeigen auf, dass der explizite Aufruf der Firma Heineken nach dem Konsum des Produktes auf das Autofahren zu verzichten, nicht direkt als nachfragereduzierend verstanden wird (Reinschmidt, 2022). Bis auf etwas Verwirrung der Rezipienten, die dadurch entsteht, dass Heineken als Absender am Ende des Videoclips etwas unerwartet erscheint und dadurch, dass das Produkt (Bier) in der Kampagne nicht im Vordergrund steht, zeigen die qualitativen Aussagen, dass die Botschaft des Unternehmens verstanden wird.

Im Rahmen der Analyse der geäußerten Wahrnehmungsmuster überwiegen positive Aussagen wie „sozial", „verantwortungsvoll" und „nachvollziehbar". Ungefähr ein Drittel der evaluativen Wahrnehmungsmuster lässt sich eher als negativ klassifizieren: Ankerzitate wie „heuchlerisch", „widersprüchlich" und „zweckwidrig" verdeutlichen dies (Reinschmidt, 2022). Die Autorin macht deutlich, dass die Wahrnehmungsmuster eher gespalten sind, also immer wieder erkennbar entweder mit positiven oder mit negativen Gefühlsausdrücken verbunden; neutrale und durchmischte Muster sind kaum erkennbar.

Insbesondere die kritischen Verbraucherreaktionen zeigen die Auseinandersetzung der Rezipientinnen und Rezipienten mit den Intensionen des Kampagnenabsenders (Reinschmidt, 2022). Die Gesprächspartnerinnen und -partner stellen sinngemäß Fragen wie: Was will Heineken wirklich erreichen? Geht es um die Reduktion von alkoholbedingten Autounfällen? Oder geht es (nur) um das Aufhübschen und Einfärben der Marke als sozial verantwortungsvoll in Abgrenzung zu anderen Biermarken? Oder versucht Heineken hier Werbeverbote, beispielsweise im Umfeld von Sportveranstaltungen, geschickt zu umgehen? Wenngleich die Antworten auf diese Fragen weitgehend interpretativ bleiben müssen, zeigt sich klar ein gemischtes Bild in Reinschmidts (2022) Untersuchung. Die Widersprüchlichkeit, die dem Demarketingansatz innewohnt, spiegelt sich in gemischten Reaktionen und gemischten Einschätzungen der Intensionen der Absender wider. Gleiches gilt auch für die Beurteilung der Glaubwürdigkeit der Kampagne durch die Interviewteilnehmerinnen und -teilnehmer (Reinschmidt, 2022).

Heineken setzte in der „Enjoy responsibly"-Kampagne in einigen Videoclips Formel-1-Rennfahrer als Testimonials ein. Es ist deren Profession und Leidenschaft, Auto zu fahren, insofern hofft der Kampagnenabsender wohl, dass es besonders glaubwürdig und wirkungsvoll ist, wenn eben diese Profiautofahrer, die gleichsam berühmt und beliebt sind, für das Nichtfahren werben. Die Reaktionen der Studienteilnehmerinnen und -teilnehmer beschreibt Reinschmidt (2022) als gespalten: Das Antwortspektrum reicht von „nicht plausibel", „widersprüchlich", „neutral", „authentisch", „passend", „glaubwürdig" bis „positiv". Rennfahrer werden einerseits als Experten fürs Autofahren wahrgenommen, andererseits aber auch als Nicht-Gewohnheits-trinker des Biers. Das Spektrum an Reaktion auf die Corporate Social Demarketing Kampagne ist typisch für die gewählte Kombination einer Biermarke und eines gesellschaftlich relevanten Themas. Wenngleich keine Probandinnen oder Probanden dem Aufruf widersprechen, so bleibt der Widerspruch zwischen Biermarke und Aufruf zum „Kein-Bier-Trinken" bestehen. Dieser wird durch die Auswahl der Charaktere und Testimonials verstärkt, da Rennfahrer und ein Aufruf zum „Nicht-Auto-fahren" sich auch auf den ersten Blick widersprechen.

„Am meisten hat mich überrascht, dass viele der Interviewten eine sehr zwiegespaltene Meinung haben. Die Botschaft der Werbung wird nicht in Schwarz/Weiß unterteilt, sondern wird von den Zuschauenden auf ver-schiedenste Arten wahrgenommen. Stichworte wie verantwortungsvoll und positiv wurden in Zusammenhang gesetzt mit widersprüchlich und heuchlerisch. Wenn ich eine solche Kampagne entwerfen würde, würde ich darauf achten, dass die Botschaft mit den Unternehmenswerten und der Strategie vereinbar ist und somit keine widersprüchlichen Gefühle entstehen."
(Michelle Reinschmidt – verantwortlich für die Durchführung der Studie zu Heineken; aus persönlicher Kommunikation mit dem Autor)

3.7 FMCG: Je Käufer nur eine Flasche!

3.7.1 Selektive Demarketingkommunikation im Lebensmitteleinzelhandel

Während die Zahl der konsumkritischen Aufrufe zum generellen Nichterwerb von Konsumgütern offensichtlich steigt, handelt es sich bei Kommunikationsaktivitäten, die gezieltes selektives Demarketing begleiten eher um nicht-öffentliche Ansprachen, etwa in Kunden-schreiben oder im persönlichen Gespräch. Unternehmen, die mittels selektivem Demarketing Kundengruppen dauerhaft oder temporär ausschließen möchten, tun dies in der Regel ohne großes Aufsehen, da sie einen Imageschaden verhindern möchten.

Im Zuge auftretender Massenkäufe aufgrund von (realen oder vermuteten) drohenden Versorgungsknappheiten, sind Kommunikationsmaßnahmen des selektiven Demarketings zu Beginn der 2020er Jahre auch in der Konsumgüterindustrie zu erkennen. Basierend auf Versorgungsunterbrechungen aufgrund verschiedener Extremereignisse wie der Coronapandemie sowie dem Ukraine-Russland-Konflikt sind insbesondere Supermärkte und andere Einzelhändler gezwungen, ihre Kundenansprache auf die neue Situation auszurichten. Es bedarf einer aktiven Kundenselektion, um die enorme Nachfrage nach bestimmten Gütern wie Mehl, Toilettenpapier, Sonnenblumenöl oder haltbaren Lebensmitteln zu kontrollieren (Chen et al., 2020; Farquhar & Robson, 2017; Loxton et al., 2020). Da zahlreiche Konsumentinnen und Konsumenten plötzlich zwecks Lagerhaltung sehr hohe Stückzahlen im Einzelhandel erwerben, sahen sich Einzelhändler gezwungen, am Verkaufsort Regeln zur Verhinderung solcher „Hamsterkäufe" einzuführen. Über Plakate am Eingang und an der Kasse oder Aushänge in den jeweiligen Sortimentsbereichen erklärten Einzelhändler, welche Begrenzungen es für Einkäufe gibt. Die Kundengruppe derer, die höhere Stückzahlen einzelner Produkte – aus welchem Grund auch immer – einkaufen möchte, kann als unerwünscht klassifiziert werden und wird auf diesem Wege vom Kauf ausgeschlossen. Ein selektives Demarketing dieser Gruppe kann typologisiert werden (Kotler & Levy, 1971).

3.7.2 Methodische Herangehensweise

Untersuchungen zu Kundenreaktionen auf selektives Demarketing, den damit verbundenen Ausschluss und die begleitende Kommunikation sind sehr selten (Blömeke & Clement, 2009). Weigelt (2022) leistet mit ihrer empirischen Studie zu Konsumentenwahrnehmungen von selektivem Demarketing einen Beitrag zur Schließung dieser Lücke. Sie untersucht induktiv, wie Verbraucher auf selektives Demarketing als Kaufbeschränkung reagieren und welche Faktoren die Wahrnehmung dieser Demarketingmaßnahmen durch die Verbraucher beeinflussen. Ermöglicht wird so die Erforschung aussagekräftiger Erkenntnisse durch die qualitative Auswertung von Gesprächsinhalten aus 53 semi-strukturierten Ad-hoc-Interviews sowie einer vertiefenden Fokusgruppendiskussion (Weigelt, 2022). Die identifizierten allgemeinen Reaktionen der Verbraucher auf Versorgungsengpässe, die durch Extremereignisse bedingt sind, werden als Grundlage für Interpretationen der Verbraucherreaktionen zum selektiven Demarketing verwendet. Dabei werden neben den reinen Verhaltensmustern gegenüber dem Produkt auch Bewertungsmuster wie Zuneigung und Ablehnung betrachtet. Weigelts (2022) Studie folgt der Idee ethnographischer Forschung und ist von besonderem Wert, da mittels Feldinterviews vor zwei Supermärkten in Deutschland zum Zeitpunkt der kriegsbedingten Einschränkungen Gespräche mit betroffenen Kunden geführt werden konnten.

3.7.3 Erkenntnisse

In Weigelts (2022) Analyse werden ursachenbezogene, psychologische, handlungsbezogene, produktbezogene und kommunikationsbezogene Faktoren mit mehr oder weniger starkem Einfluss auf die Verbraucherreaktionen identifiziert. Insbesondere die handlungs- und produktbezogenen Einflüsse, die Aspekte wie Notwendigkeit, Wesentlichkeit, Nutzen oder Verständlichkeit inkludieren, haben einen wichtigen Einfluss darauf, wie Verbraucherinnen und Verbraucher selektives Demarketing wahrnehmen (Weigelt, 2022). Weigelt (2022) zeigt auf, dass viele Verbraucherinnen und Verbraucher auf selektives Demarketing im Bereich der Konsumgüter eher positiv als negativ reagieren. Aus Sicht der Einzelhändler sind Panikkäufe und Massenkäufe tätigende Kunden „unerwünscht". Wenngleich solche Kunden nicht einmal preissensibel sind, so ist die zu befürchtende schneller ausbleibende Warenverfügbarkeit ein von sehr vielen Kunden wahrzunehmendes Ereignis, dass sich negativ auf die Kundenfrequenz der Einzelhändler auswirken kann. Zugangsbeschränkungen wie das Verbot des Kaufes von mehr als einem oder zwei Stück je Käufer entsprechen den klassischen in der Theorie erklärten Ansätzen, wie unerwünschte Kundengruppen selektiert und ausgeschlossen werden (Kotler & Levy, 1971).

Ein Teil der ausgeschlossenen Kunden befriedigt spezifische Kunden-
bedürfnisse wie die Versorgung von Mehrpersonen- oder Mehr-
generationenhaushalte, die Deckung von Bedarfen für grundsätzlich
bereits abgeschnittene Kundengruppen (etwa solche mit einer langen
Anreise) oder es handelt sich um psychologisch getriebene Kauf-
intensionen, etwa aufgrund von Erkrankungen. Letztere psychische
Komponente ist häufige Ursache für sogenannte „Panikkäufe" oder
den Aufbau von Lagern in wahrgenommenen „Notfallsituationen"
(Kaur & Malik, 2020). Die hier genannten Kundengruppen zeigen in
der Studie auffallend spezifische Wahrnehmungs- und Reaktionsmuster
(Weigelt, 2022). Reaktionen wie eine ablehnende Haltung, die trick-
reiche Umgehung der Beschränkungen ebenso wie die kreative Suche
nach Alternativlösungen können erkannt werden (Weigelt, 2022).
Auch das Einfordern von Fairness ist zu erkennen: „Die Güter müssen
trotz allem fair verteilt werden." In Übereinstimmung mit zahlreichen
anderen Studien (Hesse & Rünz, 2020) beschreibt Weigelt (2022)
ein Spektrum an Reaktionen auf die für Supermarktbesucherinnen
und -besucher ungewohnten Regelungen. Zahlreiche, vor allem nicht
von besonderen Bedingungen betroffene Konsumenten, vermitteln
befürwortende Reaktionsmuster, in einigen Fällen gepaart mit einer
Ablehnung derer, die die Einkaufseinschränkungen umgehen (Weigelt,
2022). Diese direkte Ablehnung zeigt sich verstärkt, wenn die Engpässe
durch Panikkäufe und Hamsterkäufe verursacht werden, sodass keine
„echten" persönlichen Lieferengpässe vorliegen. Andere assoziieren sich
verbal beispielsweise mit den Kriegsopfern und gleichsam mit den Kauf-
restriktionen der Einzelhändler (Weigelt, 2022). Insgesamt zeigt sich,
dass es einen Zusammenhang zwischen dem Grad der Betroffenheit von
besonderen Bedingungen und den Reaktionsausprägungen (in Form
ablehnender oder befürwortender Reaktion) im Interview gibt (Weigelt,
2022). Dieser Zusammenhang, der nicht statistisch überprüft werden
konnte, kann auch durch den Wunsch nach kongruentem Antwortver-
halten erklärt werden; Interviewpartner, die die Einkaufsrestriktionen
umgehen (wollen), lehnen diese ab und streben nach einer plausiblen
Erklärung für ihr Verhalten.

Eine weitere relevante Erkenntnis der Studie Weigelts (2022) ist,
dass die Zuschreibung der Verursachung eine wichtige Rolle dabei

spielt, ob Konsumenten den Ausschluss bestimmter Kundengruppen als akzeptabel oder nicht einstufen. In zahlreichen Gesprächen werden die globale Pandemie und der Krieg als externe unbeeinflussbare Determinanten eingestuft und sozusagen als Legitimation der unpopulären Demarketingmaßnahmen genutzt; dem Einzelhändler bleibt sozusagen keine andere Wahl. Entsprechend reagierende Gesprächspartnerinnen und -partner zeigen „Verständnis" und halten die Einschränkungen für „nachvollziehbar" oder stufen diese als „höhere Gewalt" ein (Weigelt, 2022). In anderen Fällen werden die Beschränkungen als „übertrieben" und „unangemessen" klassifiziert und eher dem Unternehmen oder der Filiale als Urheber zugeschrieben; meist kongruent mit einem höheren Grad an Betroffenheit und ablehnenden Reaktionen jener Gesprächspartner (Weigelt, 2022).

Insgesamt zeigt sich hinsichtlich der Wahrnehmung von selektiven Demarketingkommunikationsmaßnahmen am Beispiel des Ausschlusses von Quantitätskäufern, dass die Situation der Betroffenen eine wichtige Rolle spielt und daher bei der Konzeption der Maßnahmen explizit berücksichtigt werden sollte. Wenngleich diese Gruppe von Verbraucherinnen und Verbrauchern eine Minderheit darstellt, empfiehlt der Autor Markenmanagerinnen und -managern einen durchdachten Umgang mit der besonderen persönlichen Situation der Betroffenen.

„Mit der Studie zum selektiven Demarketing stellt sich vor allem der Grad der Betroffenheit als ausschlaggebend für die Reaktion auf die Maßnahmen heraus. Überrascht hat mich dabei vor allem, dass mit den Quantitätskäufern geschuldet durch Aspekte wie die Haushaltsgröße, eine Kundengruppe durch selektives Demarketing ausgeschlossen wird, die nicht durch Panik- oder Hamsterkäufe unmittelbar Auslöser solcher Limitationen ist. Darüber hinaus auffallend war die Vielzahl an Aussagen Nicht-Betroffener, die in Einklang mit der Intention der Supermärkte die Notwendigkeit sowie den Nutzen der Maßnahmen hervorheben, was Bedeutung und Erfolg des selektiven Demarketings bestätigt. Die diversen Einflussfaktoren der Reaktionen berücksichtigend, empfehle ich bei der Durchführung einer solchen Kampagne darauf zu achten, die Ursache sowie die Maßnahme selbst klar, einheitlich und frühzeitig zu kommunizieren."

(Nele Weigelt – verantwortlich für die Durchführung der Studie zu selektivem Demarketing; aus persönlicher Kommunikation mit dem Autor)

3.8 Gustavo Gusto: Esst weniger Tiefkühlpizza!

3.8.1 Solidarisches Demarketing

Markenunternehmen zeigen sich in von gesellschaftlichen und finanziellen Krisen geprägten Zeiten zunehmend sozial und ökologisch verantwortungsvoll. Die verschiedenen exemplarisch untersuchten Demarketingansätze stehen auch für Beispiele verantwortungsvollen Marketings. In der nun nachfolgend untersuchten Kampagne demonstriert ein Unternehmen plakativ Verantwortung für Marktteilnehmer, die im Wettbewerb zum Angebot des werbetreibenden Unternehmens stehen. Gustavo Gusto, eine Herstellermarke für Tiefkühlpizza, produziert Produkte, deren Absatz durchaus von pandemiebedingt nachlassender Mobilität der Gesellschaft gefördert wurde. Aufrufe zuhause zu bleiben, waren insbesondere in der ersten Coronawelle im Frühjahr 2020 vehement und führten neben Schließungen der Gastronomie zu mehr Zubereitung am heimischen Herd und zu deutlich weniger Besuchen örtlicher Gastronomie (Hofstetter, 2021). Die Marke Gustavo Gusto zeigte sich in einer Plakatkampagne solidarisch mit örtlichen Restaurants und rief nach Lockerung der pandemiebedingten Mobilitätseinschränkungen dazu auf, weniger Tiefkühlpizza zu essen und anstelle dessen lokale Restaurants aufzusuchen. Dieser Aufruf kann als Sozialmarketing eingestuft werden, da das Verhalten das gesellschaftliche Leben durch den Beitrag zur Existenzerhaltung lokaler Gastronomie stärkt. Durch den Appell, das Produkt des kommerziell Werbenden seltener zu kaufen, ist eine Einordnung als Corporate Social Demarketing angemessen. Der für die Marke verantwortliche Chief Marketing Officer bezeichnet die Kampagne als „Zeichen der Solidarität an die Gastronomie" (Götz zit. n. Freiberg 2022). Es handelt sich hier um eine besondere Ausprägung des Sozialmarketings und des Demarketings, die als *„solidarisches Demarketing"* bezeichnet werden kann. Diese seltene Ausprägung eines verantwortungsvollen Marketings steht in direktem Zusammenhang mit der Coronapandemie, innerhalb derer sich auch andere Unternehmen solidarisch zeigten. Auffallend sind die Systemgastronomieketten Burgerking und McDonald's, die in der Vergangenheit eher durch kompetitive Werbebotschaften auftraten. In einem Post auf der Social-Media- Plattform Facebook ruft Burgerking auf: „Bestellt bei McDonald's" (Idowa, 2020). Ziel der Anzeige war es, die Nachfrage im gesamten Fast-Food-Markt anzuregen, um die Arbeitsplätze in der Systemgastronomie zu schützen. Da die Nachfrage nicht reduziert werden sollte, kann diese Kampagne zwar ebenso als solidarisches Sozialmarketing bezeichnet werden, aber nicht als Demarketingkampagne.

3.8.2 Methodische Herangehensweise

Im Rahmen der Untersuchung von Freiberg (2022) wurde 50 Betrachtern die Gustavo-Gusto-Kampagne gezeigt und diese wurden interviewt. Zusätzlich wurde ein Gespräch mit dem Chief Marketing Officer des Unternehmens geführt. Dabei wurde zunächst ein semistrukturierter Interviewleitfaden mit offenen Fragen entwickelt, der als konkretes Hilfsmittel zur Datenerhebung und zur Strukturierung der Themenfelder genutzt wurde (Freiberg, 2022). Die Befragung wurde über einen Zeitraum von zwei Wochen über internetbasierte Videokonferenzen durchgeführt und dabei wurden insgesamt 400 Gesprächsminuten aufgezeichnet (Freiberg, 2022). Die Stichprobe ist in Bezug auf die sozio-demografischen Faktoren ausgewogen, mit einer leicht höheren Ausprägung an jüngeren Befragten (Freiberg, 2022). Die Datenbasis ist als besonders reichhaltig einzuordnen, da zahlreiche unterschiedliche Perspektiven inklusive der des Markenverantwortlichen aufgenommen werden konnten (Freiberg, 2022).

3.8.3 Erkenntnisse

Eine wichtige Erkenntnis der Studie ist, dass auch solidarische Demarketingkommunikation durch Konsumentinnen und Konsumenten eher gespalten, das heißt positiv *oder* negativ, wahrgenommen wird (Freiberg, 2022). Dabei lässt sich zumindest in der Stichprobe der Studie erkennen, dass jüngere Betrachter positivere Wahrnehmungsmuster zeigen und sich keine geschlechterspezifischen Unterschiede identifizieren lassen (Freiberg, 2022). Solidarisches Demarketing wird von den Gesprächsteilnehmerinnen und -teilnehmern als etwas Neuartiges und Unkonventionelles angesehen und ruft Neugier hervor (Freiberg, 2022). Dem gegenüber stehen kritischere Aussagen, die den Werbetreibenden „kommerzielle Absichten" und „Effekthascherei" unterstellen (Freiberg, 2022). Deutlich wird dabei, dass solidarisches Demarketing Risiken birgt, da Rezipientinnen und Rezipienten im Wettbewerb keine Solidarität der gezeigten Art erwarten – wohl auch da es ein neues Phänomen ist. Verbale Ad-hoc-Reaktionen wie „heuchlerisch", „eigennützig", „Geschwafel" und „Selbstdarstellung" repräsentieren solch kritische Wahrnehmungsmuster. Darüber hinaus zeigt Freiberg (2022) auf der Basis der durchgeführten qualitativen Inhaltsanalyse der transkribierten Textpassagen, dass sich Wahrnehmungsmuster auf unterschiedlichen Ebenen einordnen lassen: Aussagen bezüglich der Markenebene, Produktebene, Designebene und Botschaftsebene können kategorisiert werden (Freiberg, 2022). Die Gesprächsteilnehmerinnen und -teilnehmer nannten je Ebene spezifische Argumente, das heißt sie differenzierten in ihrer Wahrnehmung etwa zwischen der Nennung von kommerziellen Absichten auf der Ebene der Marke als Absender neben einer befürwortenden Wahrnehmung der (solidarischen) Botschaft und kritischen Äußerungen in Bezug auf das Design des Plakates (Freiberg, 2022). Dabei wird erneut deutlich, dass eine Befürwortung der Kampagnenbotschaft (hier: Solidarität) nicht einhergehen muss mit einer positiven Wahrnehmung des Markenabsenders und sogar im Kontrast dazu stehen kann.

Dennoch bietet solidarisches Demarketing die Möglichkeit, sich von Wettbewerbern, die klassische Marketingpraktiken einsetzen, zu differenzieren und so Markenprofile hinsichtlich sozialer Verantwortung und verantwortungsvollem Rollenverständnis in einem Markt zu schärfen. Dabei gilt es, das Spektrum und die Vielgestaltigkeit der Reaktionen zu antizipieren. Erwartungen von Rezipientinnen und Rezipienten an Werbekampagnen sind zunächst manifestiert durch das, was als Normal vorausgesetzt wird: Solidarität unter Konkurrenten ist gering ausgeprägt und nicht Gegenstand von kostspieliger Unternehmenskommunikation. Nur wenn es gelingt, dennoch glaubwürdig und authentisch zu kommunizieren, kann durch solidarisches Demarketing eine erfolgreiche Differenzierung vom Wettbewerber gelingen (Freiberg, 2022).

„Bei der Untersuchung zu Konsumentenwahrnehmungen von Demarketing hat mich die unterschiedliche Wahrnehmung der Rezipienten in Anbetracht auf deren Alter am meisten überrascht. Wenn ich eine derartige Kampagne gestalten würde, würde ich besonders auf die grundsätzliche Verständlichkeit der zu kommunizierenden Botschaft achten, um Fehlinterpretationen der Empfänger zu reduzieren. In Abhängigkeit dessen sollte ebenfalls ein zielgruppenspezifischer Kommunikationskanal gewählt werden und der Inhalt in Qualität sowie Quantität entsprechend angepasst werden. Ich sehe das Praktizieren von Demarketing im Bereich der Unternehmensverantwortung durch das Aufkommen von gesellschaftlichen Herausforderungen somit als sinnvolle Marketingmaßnahme an."
(Philipp Freiberg – verantwortlich für die Durchführung der Studie zu Gustavo Gusto; aus persönlicher Kommunikation mit dem Autor)

3.9 Weitere Demarketingkampagnen

Die Untersuchung von Demarketingmaßnahmen umfasst in vielen Fällen die kommunikativen Maßnahmen der Unternehmen, die die Nachfrage nach den von ihnen angebotenen Leistungen und Markenprodukten eindämmen beziehungsweise gezielt lenken wollen. Neben den in diesem Buch gesammelten Fallbeispielen sind im deutschen Werbemarkt der letzten drei Jahrzehnte weitere Anwendungsfälle erkennbar. Die Gesamtzahl der Demarketingkampagnen – basierend auf unstrukturierter Beobachtung des Autors – ist aber derart niedrig, dass sich Demarketing weiterhin als Nischenphänomen bezeichnen lässt. Dabei lässt sich gleichsam erkennen, dass Green Demarketingaktivitäten, im Zuge der Welle von Green-Marketingkampagnen, häufiger auftreten.

An dieser Stelle werden weitere auffällige Demarketingkampagnen vorgestellt und typologisiert. Primärdatenerhebungen hinsichtlich der Konsumentenwahrnehmung dieser Kampagnen liegen nicht vor.

Patagonia: Buy Less, Demand More – Die amerikanische Outdoormarke, die seit 2011 als Paradebeispiel für Demarketing gilt, startete 2020 eine weitere Kampagne rund um den Zeitpunkt der Internet-Verkaufsschlachten Black Friday und Cyber Monday. Der Aufruf des Unternehmens ist – im Vergleich zum klaren Produkt-bezug 2011 – eher institutionell: „Buy less, demand more". Das Unternehmen thematisiert in diesem Zusammenhang die kritische Situation der Umwelt (AdForum, 2020). Mit dem Aufruf, seltener und weniger Bekleidungsstücke zu kaufen und dabei auf deren Langlebigkeit zu achten – lenkt das Unternehmen den Blick auf die Premiumqualität, für die die Marke steht. Außerdem bewirbt das Unternehmen den Kauf bereits getragener Kleidung („Worn Wear") und ruft zur Reparatur auf (Chua, 2020). Die Kampagne kann als institutionelle Green-Demarketingkampagne eingeordnet werden. Das Unternehmen fördert grundsätzlich eine Veränderung im Konsumentenverhalten hinsichtlich Konsumverzicht zugunsten der Umwelt auf und bietet Alternativen in Verbindung mit der eigenen Marke.

Smart: Reduce to the max – Die Geschichte des Automobils der Marke Smart ist eng mit dem Begriff Verzicht verbunden. Durch den Verzicht auf Raum, Fläche und Größe des Fahrzeugs, ergibt sich „urbane Flexibilität" und reduzierte Umweltbelastung (Mercedes-Benz Group Media, 2007). Die Kampagne des Herstellers, der zur Mercedes-Benz-Gruppe gehört, nutzt den auf den ersten Blick wider-sprüchlichen Slogan „Reduce to the max", im Deutschen am ehesten als „weniger ist mehr" zu übersetzen. Assoziieren sollen Betrachter damit wohl das „maximal Notwendige an Raum", die „maximal in Kauf zu nehmende Umweltbelastung" und „die maximale Befriedigung von Kundenbedürfnissen". Durch den Ansatz ein Produktdesign daran zu orientieren, auf alles zu verzichten, was nicht zwingend nötig ist, um zugleich ein urban-flexibles, ökologisch verantwortungsvolles Gefährt zu schaffen, ohne das positive Konsumerlebnis zu gefährden, kann als Demarketing verstanden werden. Kunden verzichten auf Produktbestandteile wie Fahrkomfort, Raum, Geschwindigkeit,

Transportmöglichkeiten und mehr, um zugleich durch das in den Mittelpunkt gerückte Markenfahrzeug smarte Bedürfnisbefriedigung zu erleben. Die Produktkonzeption kann am ehesten als ostensibles Demarketing und als Green Demarketing eingeordnet werden, da die Zielsetzung eine Nachfragesteigerung ist, die – zumindest auch – zugunsten der Umwelt ist.

Patek Philippe: Generations campaign – Der Schweizer Luxus-Uhrenhersteller Patek Philippe wirbt seit 1996 damit, dass die angebotenen Uhren generationenübergreifend genutzt werden können. Das Unternehmen beschreibt die eigene Kampagne als ikonisch, zeitlos und allgemeingültig (Patek, 2019). Aus der Perspektive des Demarketings überrascht der Anbieter Kampagnenbetrachter mit der Betonung der Langlebigkeit. Der Anbieter zeigt sich eben nicht bemüht, eine Ersatz- oder Zweitnachfrage zu erzeugen, wenngleich dies auf den ersten Blick von einem kommerziellen Unternehmen zu erwarten wäre. Auch bei diesem Fallbeispiel ist eine Nachfragesteigerung intendiert und nur vordergründig wird suggeriert, es bedarf keines Kaufes einer weiteren Uhr. Letztlich spricht die Kampagne nicht die Bestandskunden an, sondern mögliche neue Kunden, die von der Weitergabe der Uhr noch Jahrzehnte entfernt sind. Dieses ostensible Demarketing setzt auf den Langlebigkeitswert mit direktem Produktbezug, eine Anwendung der Demarketingstrategie, die im Luxusgüterbereich immer wieder zu erkennen ist (Sun et al., 2021).

Philip Morris: Unsmoke your world – Der Tabakkonzern Philip Morris startete im September 2019 eine Werbekampagne mit großformatigen Anzeigen in überregionalen Zeitungen, Zeitschriften und Onlinemedien (Gräfelfing, 2019). Der Konzern ruft dabei zu individuellen Verhaltensänderungen und insgesamt weniger Tabakkonsum auf: „Wer nicht raucht, sollte nicht anfangen. Wer raucht, sollte aufhören. Wer nicht aufhört, sollte wechseln. Unsmoke your world." Die Kampagne kann demnach als Corporate Social Demarketing eingeordnet werden. Wenngleich es auf den ersten Blick um den Versuch einer Nachfragereduzierung auf institutioneller Ebene zu gehen scheint, steckt hinter der Kampagne implizit der Versuch, möglichst viele Konsumenten für tabakfreie Alternativprodukte des Konzerns zu gewinnen. Ähnlich dem Green Demarketing versucht man die Nachfrage auf Ebene der

Produktkategorie einzudämmen und idealerweise die Wechselbereitschaft von Konsumenten zu nutzen, um deren Konsum auf eigene Alternativprodukte des Werbetreibenden umzulenken (Armstrong Soule & Reich, 2015). Das Unternehmen folgt diesem Ansatz seit 2008 und bietet Alternativen zum klassischen Rauchen von Zigaretten. Wenngleich bei Betrachterinnen und Betrachter der Eindruck entstehen mag, dass Unternehmen kannibalisiere sein eigenes Kerngeschäft, so liegt in diesem Demarketingansatz ein strategisches Verständnis, dass es einer Selbst-Disruption bedarf, um langfristig erfolgreich zu sein. Zu Beginn des Jahres 2023 präsentiert das Unternehmen die Imagekampagne „The Future Re-Imagined" und stellt sich als ein Unternehmen dar, welches eine rauchfreie Zukunft anstrebt, weil dies das „Richtige" zu tun sei. Das Bewerben weniger schädlicher Zigarettenalternativen erscheint dabei als Überlebensstrategie.

Armedangels: Slow-vember – Die Modemarke Armedangels folgt dem Beispiel Patagonias und anderer Unternehmen und thematisiert den Überkonsum rund um den sogenannten Black Friday. Das Unternehmen geht dabei einen eher ausgewogenen Weg und verlängert die Rabattaktion auf einen gesamten Monat, um so die künstlich erzeugte zeitliche Knappheit zu eliminieren und Konsumenten „bedachte" Kaufentscheidungen zu ermöglichen. Dabei nennt das Unternehmen auch explizit die Möglichkeit auf den Kauf zu verzichten: „20 % auf Teile unserer aktuellen Kollektion, den ganzen November lang. Wir werden am Black Friday keine zusätzlichen Rabatte haben. Kein Black Friday Hype, kein Druck. Geh es langsam an und nimm dir Zeit, diesen November deine Kaufentscheidungen zu durchdenken. Und dann shoppe mit Bedacht, oder gar nicht. How slow can you go?" (Armedangels, 2022). Die Kampagne lässt sich als institutionelle Corporate Social Marketing einstufen, da das gesellschaftliche Fehlverhalten „unüberlegter Kaufrausch im Kontext künstlich erzeugter zeitlicher Knappheit" reduziert werden soll. Gleichsam nutzt auch das Unternehmen Armedangels dabei den Effekt, dass Konsumentinnen und Konsumenten als Alternative zum unbedachten Kauf von verbilligter Kleidung am Black Friday bedacht im eigenen Online-Shop Artikel finden, die einen ganzen Monat verbilligt angeboten werden.

Sadgrlswag: Ich bin hier, um Euch zu de-influencen – Die Influencerin „sadgrlswag" ruft auf TikTok im Winter 2022/23 dazu auf, diverse Produkte nicht zu kaufen, die im sozialen Netzwerk zeitgleich sehr häufig geteilt werden und gleichsam durch ihre Viralität Absatzerfolge erzielen: „Kauft nicht die Ugg Minis, nicht den Dyson Air Wrap, nicht den Charlotte Tilbury Stift, kauft nicht die Stanley Cup, keine Colleen Hoover Bücher, nicht die Air Pods Pro Max" (zitiert nach Eisenbrand, 2023). Eisenbrand (2023) zeigt auf, dass diese Bewegung nicht zuletzt geschickt auf die inflationsbedingte Konsumflaute reagiert und – ganz im Sinne vieler Demarketingansätze – den Konsum umzulenken versucht: Weg von gehypten Massenprodukten hin zu Produkten, die beispielsweise günstiger sind. So zu beobachten in einem millionenfach gesehenen Video, in dem vom Kauf eines hochpreisigen Produktes abgeraten wird, zugunsten preiswerterer Alternativen, die – wen wundert es – gleich durch nur wenige Klicks erworben werden können (Eisenbrand, 2023).

3.10 Quantitative Untersuchung der Wahrnehmung von Green Demarketingkampagnen

Nach dem Blick auf zahlreiche Kampagnenbeispiele und der damit verbundenen Konsumentenwahrnehmung aus einer qualitativ-interpretativen Sicht, erfolgt im folgenden Kapitel eine quantitative Untersuchung, wie und inwieweit Green-Demarketingkommunikation die Wahrnehmung der Verbraucher beeinflusst. Dabei werden bewusst Kampagnen inkludiert, die in den vorherigen Kapiteln mit qualitativen Methoden untersucht wurden.

3.10.1 Methodische Herangehensweise

Kellermann (2022) nutzt das Instrumentarium eines standardisierten schriftlichen Fragebogens zur Ermittlung von Daten. Die Ergebnisse von 363 Teilnehmerinnen und Teilnehmern wurden gesichtet und 243 vollständige Fragebögen wurden mittels Häufigkeitsanalysen, deskriptiver Analyse und mit Korrelationstests untersucht. Um sinnvolle und aussagekräftige Ergebnisse zu erhalten, wurde in der Umfrage die Strategie des Green Demarketing erläutert und vier passende Fallbeispiele gezeigt, mit denen sich die Teilnehmerinnen und Teilnehmer vertraut machen sollten (Tab. 3.2).

Die Gestaltung des Fragebogens erfolgte basierend auf theoretischen Grundlagen zur Konsumentenwahrnehmung von Werbung, insbesondere Green Marketing und Green Demarketing Werbung (Armstrong Soule & Reich, 2015; Chang, 2012; MacKenzie et al., 1986; Matthes et al., 2014). Die Befragungsteilnehmerinnen und -teilnehmer beantworteten 17 geschlossene Fragen auf Likert-Skalen von 1 bis 5 (Kellermann, 2022), ein leicht nachvollziehbarer standardisierter Skalierungsansatz, der weitgehend erfolgreich in der Messung psychologischer Konstrukte eingesetzt wird (Nemoto & Beglar, 2014). Nach einleitenden Fragen zu Gesamteindruck, Haltung und Wahrnehmung der jeweiligen Kampagne wurden die Befragungsteilnehmerinnen und -teilnehmer gefragt, ob sie die vermittelte Botschaft unterstützen, ob sie an der Thematik interessiert sind und wie sie die Idee des Green Demarketing im Allgemeinen finden (Kellermann, 2022). Darüber hinaus konnten die Befragungsteilnehmerinnen und -teilnehmern angeben, inwieweit sich ihre Einstellung, Sichtweise und Glaubwürdigkeit der jeweiligen Unternehmensmarke durch die Ansicht der Kampagne verändere (Kellermann, 2022). Abschließend wurde den Befragungsteilnehmerinnen und -teilnehmer die Möglichkeit gegeben, den Werbetreibenden bestimmte Motivationen und Absichten zuzu-

Tab. 3.2 Übersicht Green-Demarketingkampagnen (Kellermann, 2022)

Marke	Kampagne	Launchzeitpunkt	Branche
Patagonia	Don't buy this jacket!	11/2011	Outdoor-Bekleidung
Bio-Company	Kaufen Sie weniger!	09/2019	Lebensmitteleinzelhandel
Levi's	Buy better. Wear longer	04/2021	Bekleidung
KLM	Fly responsibly!	12/2021	Fluglinie

schreiben (Kellermann, 2022). Die Stichprobe wurde willkürlich gezogen und umfasst 67 % weibliche Befragungsteilnehmerinnen und 32 % männliche Befragungsteilnehmer im Alter von 17 bis 75 Jahren (Kellermann, 2022).

3.10.2 Erkenntnisse

Kellermann (2022) kommt zu dem Schluss, dass grüne Demarketingkampagnen unterschiedliche Wahrnehmungsmuster hervorrufen, abhängig von der Glaubwürdigkeit der Kampagne. Die Wahrnehmung solch spezifischer Kommunikationsimpulse hängt zudem von Variablen wie Bildung und Umweltengagement der Betrachterinnen und Betrachter sowie Vertrauenswürdigkeit und dem Image der Absendermarke ab (Kellermann, 2022).

Neben zahlreichen detaillierteren Auswertungen der Befragung steht im Vordergrund, dass insgesamt zwei Drittel der Befragungsteilnehmerinnen und -teilnehmer die Idee des Green Demarketing und der damit verbundene Verzicht auf Konsum zugunsten des Umweltschutzes grundsätzlich befürworten (Kellermann, 2022). Nur knapp 20 % stufen die Kampagnen als uninteressant ein (Kellermann, 2022). Gleichsam stehen die Befragungsteilnehmerinnen und -teilnehmer den Werbetreibenden kritisch gegenüber: 78 % gaben an, dass die Gründe opportunistisch seien und 98 % gaben an, dass Imageverbesserung oder kommerzielle Absichten die eigentliche Motivation der Absender seien.

Vergleicht man, wie die Befragungsteilnehmerinnen und -teilnehmer die einzelnen Kampagnen beurteilen, zeigen sich in Kellermanns (2022) Untersuchung deutliche Unterschiede zwischen den Kampagnen: Patagonias Demarketingaufruf wird dabei besonders kritisch gesehen. Die Anzeige und Botschaft wird von den wenigsten Teilnehmerinnen und Teilnehmern als vorteilhaft, ansprechend oder zur Marke passend eingestuft und der geringste Teil der Antwortenden nennt positive Markeneffekte (Kellermann, 2022). Die Werbung der Marke Levi's hingegen wird am häufigsten als vorteilhaft und ansprechend klassifiziert; die Botschaft passt zur Marke, die von der Werbung profitiert (Kellermann, 2022). Dazwischen liegen Bio Company und KLM, wobei die

Werbebotschaft von Bio Company („Kauf weniger!") nur in wenigen Fällen als unpassend angesehen wird Abb. 3.1).

Zur Erklärung der Ergebnisse lassen sich Erkenntnisse aus der Literatur und den in den vorherigen Kapiteln beschriebenen Primärdatenerhebungen heranziehen. Die auffallend kritische Einstufung der Demarketingbotschaft der Marke Patagonia lässt sich anhand der Erkenntnisse von Reich und Armstrong Soule (2016) einordnen, die aufzeigten, dass institutionelle Werbung weniger Kritik hervorruft als produktbezogene Werbung. Der von den Autoren erklärte Mechanismus, dass Green Demarketing auf der Ebene der Produktkategorie (institutionelle Ebene) zu Verzicht aufruft, um den verbleibenden Konsum auf die beworbene Marke auszurichten, wird von Patagonia 2011 ignoriert und es wird ein konkretes – in den USA zu dieser Zeit sehr beliebtes Produkt – in den Fokus gerückt (Armstrong Soule & Reich, 2015). Die in der Studie von Kellermann (2022) befragten Probanden honorieren bei ihrer Einstufung auch nicht, dass Patagonia eine Marke mit sehr guter Umweltreputation ist.

Langlebigere Produkte zu kaufen, sehr kurze Strecken zu fliegen sowie auf schnelllebigen Konsum und den Kauf von minderwertigen Lebensmitteln zu verzichten, sind Haltungen, die sich Bio Company, KLM und Levi's zu eigen machen und auf diesem Weg die Produkte

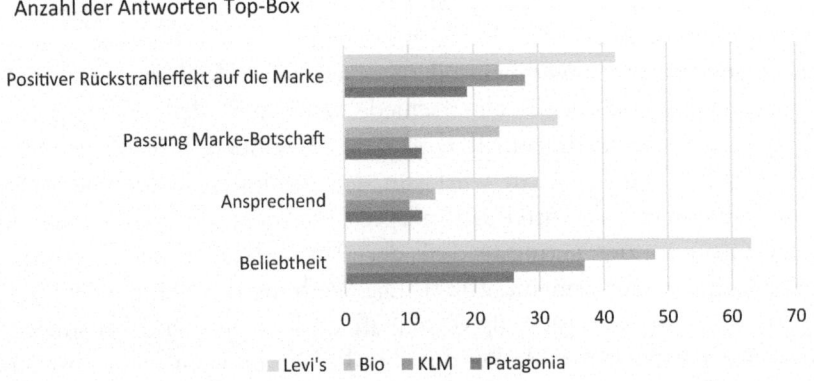

Abb. 3.1 Quantitativer Kampagnenvergleich

selbst scheinbar erfolgreicher als Patagonia aus der Angriffsfläche des Überkonsums nehmen. Nichtsdestotrotz bleiben die Probanden hinsichtlich aller Demarketingwerbungen kritisch, was unter anderem durch das eher hohe Umweltinvolvement der an der Befragung teilnehmenden Probanden erklärt werden kann (Kellermann, 2022).

„Besonders überrascht an der Studie haben mich die sehr variierenden Wahrnehmungen der Konsumenten. Die exakte Formulierung des Slogans einer Demarketing Kampagne scheint besonders wichtig. Es sollten größere Studien zur Wahrnehmung von Demarketing durchgeführt werden und besonders die Faktoren untersucht werden, welche skeptische Reaktionen hervorrufen. Wenn ich eine solche Kampagne mitgestalten würde, würde ich der Marke empfehlen sich zuerst genau mit dem eigenen Image der Marke und der zugehörigen Industrie zu beschäftigen, bevor eine sehr verallgemeinerte Demarketing Kampagne geschaltet wird."

(Alexandra Kellermann – verantwortlich für die quantitative Studie zu Demarketingkampagnen; aus persönlicher Kommunikation mit dem Autor)

Literatur

AdForum. (2020). Patagonia – Buy less, demand more. https://www.adforum.com/creative-work/ad/player/34629844/buy-less-demand-more/patagonia. Zugegriffen: 30. Nov. 2022.

Armedangels. (2022). Slow-vember Go with the slow. https://www.armedangels.com/de-de/slow-sale/women/alle-artikel Zugegriffen: 17. März 2023.

Armstrong Soule, C. A., & Reich, B. J. (2015). Less is more: Is a green demarketing strategy sustainable? *Journal of Marketing Management, 31*(13–14), 1403–1427.

Arsel, Z. (2017). Asking questions with reflexive focus: A tutorial on designing and conducting interviews. *Journal of Consumer Research, 44*, 939–948.

Bio Company. (2018). Was ist das Besondere an der BIO COMPANY? https://www.youtube.com/watch?v=Pe4mf4lqeLQ. Zugegriffen: 30. Nov. 2022.

Blömeke, E., & Clement, M. (2009). Selektives Demarketing – Management von unprofitablen Kunden. *Schmalenbachs Zeitschrift für betriebswirtschaftliche Forschung, 61*(7), 804–835.

Boddy, C. (2014). Countermarketing case studies. In N. Bradley & J. Blythe (Hrsg.), *Demarketing* (S. 81–97). Routledge.

Bradley, N., & Blythe, J. (2014). Demarketing: An overview of the antecedents and current status of the discipline. In N. Bradley & J. Blythe (Hrsg.), *Demarketing* (S. 1–7). Routledge.

Carlson, G., Grove, S. J., & Kangun, N. (1993). A content analysis of environmental advertising claims: A matrix method approach. *Journal of Advertising, 22*(3), 27–39.

Chan, R. Y. (2000). The effectiveness of environmental advertising: The role of claim type and the source country green image. *International Journal of Advertising, 19*(3), 349–375.

Chan, R. Y., Leung, T. K., & Wong, Y. H. (2006). The effectiveness of environmental claims for services advertising. *Journal or Services Marketing, 20*(4), 233–250.

Chang, C. T. (2012). Are guilt appeals a panacea in green advertising? The right formula of issue proximity and environmental consciousness. *International Journal of Advertising, 31*(4), 741–771.

Chen, Y.-S. (2010). The drivers of green brand equity: Green brand image, green satisfaction, and green trust. *Journal of Business Ethics, 93*(2), 307–319.

Chen, Y.-S., Rajabifard, A., Sabri, S., Potts, K. E., Laylavi, F., Xie, Y., & Zhang, Y. (2020). A discussion of irrational stockpiling behaviour during crisis. *Journal of Safety Science and Resilience, 1*(1), 57–58.

Chua, J. M. (2020). Patagonia wants you to consider buying its clothing used this holiday seasons. *InStyle*. https://www.instyle.com/fashion/patagonia-buy-less-demand-more-black-friday. Zugegriffen: 30. Nov. 2022.

Crowne, D. P., & Marlowe, D. (1960). A new scale of social desirability independent of psychopathology. *Journal of Consulting Psychology, 24*(4), 349–354.

Eisenbrand, R. (2023). "Kauf den Schrott nicht!": Auf Tiktok geht gerade „Deinfluencing" durch die Decke. https://omr.com/de/daily/tiktok-deinfluencing/. Zugegriffen: 17. März 2023.

Eisenhardt, K. M., & Graebner, M. E. (2007). Theory building from cases: Opportunities and challenges. *Academy of Management Journal, 50*(1), 25–32.

Ellen, P. S., Webb, D. J., & Mohr, L. A. (2006). Building corporate associations: Consumer attributions for corporate socially responsible programs. *Journal of the Academy of Marketing Science, 34*(2), 147–157.

Farquhar, J. D., & Robson, J. (2017). Selective demarketing: When customers destroy value. *Marketing Theory, 17*(2), 165–182.

Forehand, M. R., & Grier, S. (2003). When is honesty the best policy? The effect of stated company intent on consumer skepticism. *Journal of Consumer Psychology, 13*(3), 349–356.

Freiberg, P. (2022). Konsumentenwahrnehmungen von Demarketing. *Unveröffentlichte wissenschaftliche Abschlussarbeit, Fachbereich Wirtschaftswissenschaften, Hochschule Koblenz.*

Gilbert, D. T., & Malone, P. S. (1995). The correspondence bias. *Psychological Bulletin, 117*(1), 21–38.

Gioia, D. A., Corley, K. G., & Hamilton, A. L. (2012). Seeking qualitative rigor in inductive research: Notes on the Gioia methodology. *Organization Research Methods, 16*(1), 15–31.

Glaser, B. G., & Strauss, A. (1967). *The discovery of grounded theory: Strategies for qualitative research.* Aldine Publishing.

Gossen, M., & Frick, V. (2018). Brauchst du das wirklich? – Wahrnehmung und Wirkung suffizienzfördernder Unternehmenskommunikation auf die Konsummotivation. *Umweltpsychologie, 22*(2), 11–32.

Gräfelfing. (2019). Neue Kampagne „Unsmoke" von Philip Morris soll Raucher vom Wechsel überzeugen. https://www.aerzteblatt.de/nachrichten/105849/Neue-Kampagne-Unsmoke-von-Philip-Morris-soll-Raucher-vom-Wechsel-ueberzeugen. Zugegriffen: 30. Nov. 2022.

Groza, M. D., Pronschinske, M. R., & Walker, M. (2011). Perceived organizational motives and consumer responses to proactive and reactive CSR. *Journal of Business Ethics, 102*, 639–652.

Guardian. (2020). *The Guardian view on 'flight shame': Face it – Life must change.* https://www.theguardian.com/commentisfree/2020/jan/17/the-guardian-view-on-flight-shaming-face-it-life-must-change. Zugegriffen: 30. Nov. 2022.

Hagmann, C., Semeijn, J., & Vellenga, D. B. (2015). Exploring the green image of airlines: Passenger perceptions and airline choice. *Journal of Air Transport Management, 43*, 37–45.

Hall, C. M., & Wood, K. J. (2021). Demarketing tourism for sustainability: Degrowing tourism or moving the deckchairs on the Titanic? *Sustainability, 13*(3), 1585–1600.

Hartmann, P., & Apaolaza-Ibánez, V. (2009). Green advertising revisited. Conditioning virtual nature experiences. *International Journal of Advertising, 28*(4), 715–739.

Heineken. (2022). Kampagnen. https://www.heineken.com/de/de/kampagnen/wenn-du-auto-fahrst-trinke-nicht. Zugegriffen: 30. Nov. 2022.

Hens, L. (2022). Konsumentenwahrnehmungen von Green Demarketing. *Unveröffentlichte wissenschaftliche Abschlussarbeit, Fachbereich Wirtschaftswissenschaften, Hochschule Koblenz.*

Hesse, A. (2022). Green Marketing – Empirische Erkenntnisse zur Konsumentenwahrnehmung von Ökologie-orientierten Repositionierungsversuchen etablierter Marken. *Wissenschaftliche Schriften des Fachbereichs Wirtschaftswissenschaften, 36, Hochschule Koblenz.*

Hesse, A., & Hofschulte, A.-L. (2021). Nachhaltigkeitsmarketing für Modemarken im Fast-Fashion-Bereich. Eine inhaltsanalytische Bestandsaufnahme. *Transfer – Zeitschrift für Kommunikation und Markenmanagement, 67*(1), 50–55.

Hesse, A., & Rünz, S. (2020). 'Fly Responsibly': A case study on consumer perceptions of a green demarketing campaign. *Journal of Marketing Communications, 28*(3), 232–252.

Heuer, S. (2017). Patagonia – Profit unter Protest. *brand eins*, 02, https://www.brandeins.de/magazine/brand-eins-wirtschaftsmagazin/2017/marketing/patagonia-profit-unter-protest. Zugegriffen: 30. Nov. 2022.

Hofstetter, R. (2021). Post-Corona-Konsumverhalten. https://danihofstetter.ch/post-corona-konsumverhalten/. Zugegriffen: 30. Nov. 2022.

Holtermann, F., & Scheppe, M. (2022). „Die Erde ist unsere einzige Anteilseignerin" – Gründer von Patagonia gibt Firma für Klimaschutz ab. https://www.handelsblatt.com/unternehmen/handel-konsumgueter/yvon-chouinard-die-erde-ist-unsere-einzige-anteilseignerin-gruender-von-patagonia-gibt-firma-fuer-klimaschutz-ab/28682350.html. Zugegriffen: 11. Jan. 2023.

Hwang, C. G., Lee, Y., Diddi, S., & Karpova, E. (2014). "Don't buy this jacket": Effects of anti-consumption advertisement on consumer attitude and purchase intention of apparel products. In *Proceedings of 2014, International Textile and Apparel Association #71.*

Hwang, C. G., Lee, Y., Diddi, S., & Karpova, E. (2016). "Don't buy this jacket": Consumer reaction toward anti-consumption apparel advertisement. *Journal of Fashion Marketing and Management, 20*(3), 435–452.

Idowa. (2020). Solidarität in Corona-Zeiten. Burger King macht Werbung für McDonald's. https://www.idowa.de/inhalt.solidaritaet-in-corona-zeiten-burger-king-macht-werbung-fuer-mcdonald-s.d2a4c6d6-707d-496b-a147-1bcd1f3e74db.html. Zugegriffen: 30. Nov. 2022.

Iyer, E., & Banerjee, B. (1993). Anatomy of green advertising. *Advances in Consumer Research, 20,* 494–501.

Kaur, A., & Malik, G. (2020). Understanding the psychology behind panic buying: A grounded theory approach. *Global Business Review.* 0972150920973504.

Kellermann, A. (2022). Consumer perceptions of green demarketing advertising. *Unveröffentlichte wissenschaftliche Abschlussarbeit, Fachbereich Wirtschaftswissenschaften, Hochschule Koblenz.*

Kim, S., Ko, E., & Kim, S. J. (2018). Fashion brand green demarketing: Effects on customer attitudes and behavior intentions. *Journal of Global Fashion Marketing, 9*(4), 364–378.

KLM (Koninklijke Luchtvaart Maatschappij). (2019). Fly responsibly. https://flyresponsibly.klm.com/. Zugegriffen: 30. Nov. 2022.

Kong, H. M., Witmaier, A., & Ko, E. (2020). Sustainability and social media communication: How consumers respond to marketing efforts of luxury and non-luxury fashion brands. *Journal of Business Research, 131,* 640–651.

Kotler, P. (1973). The major tasks of marketing management. *Journal of Marketing, 37*(4), 42–49.

Kotler, P., & Levy, S. J. (1971). Demarketing, yes, demarketing. *Harvard Business Review, 49*(6), 74–80.

Levi's. (2021). Levi's® Launches "Buy Better, Wear Longer" Campaign. https://www.levistrauss.com/2021/04/22/levis-launches-buy-better-wear-longer-campaign/. Zugegriffen: 6. Sept. 2022.

Loe, T. W., Ferrell, L. K., & Mansfield, P. (2000). A review of empirical studies assessing ethical decision making in business. *Faculty Publications,* 2541.

Lowitt, E. (2011). Patagonia's „Buy Less" campaign may lead to more revenue. *Harvard Business Review,* October.

Loxton, M., Truskett, R., Scarf, B., Sindone, L., Baldry, G., & Zhao, Y. (2020). Consumer behaviour during crises: Preliminary research on how coronavirus has manifested consumer panic buying, herd mentality, changing discretionary spending and the role of the media in influencing behaviour. *Journal of Risk and Financial Management, 13*(8), 166–187.

MacKenzie, S., Lutz, R., & Belch, G. (1986). The role of attitude toward the ad as a mediator of advertising effectiveness: A test of competing explanations. *Journal of Marketing Research, 23*(2), 130–142.

Matthes, J., Wonneberger, A., & Schmuck, D. (2014). Consumers' green involvement and the persuasive effects of emotional versus functional ads. *Journal of Business Research, 67*(9), 1885–1893.

Mayer, R., Ryley, T., & Gillingwater, D. (2012). Passenger perceptions of the green image associated with airlines. *Journal of Transport Geography, 22*, 179–186.

Mayring, P. (2004). Qualitative content analysis. *Forum Qualitative Social Research, 1*(2), 20.

Patagonia. (2011). Don't buy this jacket! Black friday advertisement. https://www.patagonia.com/blog/wp-content/uploads/2016/07/nyt_11-25-11.pdf. Zugegriffen: 30. Nov. 2022

Mercedes-Benz Group Media. (2007). Pressemappe "Die Geschichte des smart: „reduce to the max". https://group-media.mercedes-benz.com/marsMediaSite/de/instance/ko/Pressemappe-Die-Geschichte-des-smart-reduce-to-the-max.xhtml?oid=9906095. Zugegriffen: 30. Nov. 2022.

Murray, V. Q. (1997). Social activist marketing: A reconceptualization of countermarketing and demarketing. *Journal of Nonprofit & Public Sector Marketing, 5*(4), 3–25.

Nemoto, T., & Beglar, D. (2014). Likert-scale questionnaires. In *JALT 2013 conference proceedings (1–8)*.

Nyilasy, G., Gangadharbatla, H., & Paladino, A. (2013). Perceived greenwashing: The interactive effects of green advertising and corporate environmental performance on consumer reactions. *Journal of Business Ethics, 125*, 693–707.

Obermiller, C., & Spangenberg, E. R. (1998). Development of a scale to measure consumer skepticism toward advertising. *Journal of Consumer Psychology, 7*(2), 159–186.

Oshikawa, S. (1969). Can cognitive dissonance theory explain consumer behavior? *Journal of Marketing, 33*(4), 44–49.

Patek. (2019). The next chapter of the generations campaign. https://www.patek.com/en/company/news/generations-campaign. Zugegriffen: 30. Nov. 2022.

Petty, R. E., & Cacioppo, J. T. (1986). The elaboration likelihood model. *Advances in Experimental Social Psychology, 19*, 123–205.

Ramirez, E., Tajdini, S., & David, M. E. (2017). The effects of proenvironmental demarketing on consumer attitudes and actual consumption. *Journal of Marketing, Theory and Practice, 25*(3), 291–304.

Reich, B. J., & Armstrong Soule, C. A. (2016). Green demarketing in advertisements: Comparing "Buy Green" and "Buy Less" appeals in product and institutional advertising contexts. *Journal of Advertising, 45*(4), 441–458.

Reinschmidt, M. (2022). Consumer Perceptions of Corporate Social Demarketing. *Unveröffentlichte wissenschaftliche Abschlussarbeit, Fachbereich Wirtschaftswissenschaften, Hochschule Koblenz.*

Schuhwerk, M. E., & Lefkoff-Hagius, R. (1995). Green or non-green? Does type of appeal matter when advertising a green product? *Journal of Advertising, 24*(summer), 45–54.

Schulz, J., Müller, R. C., & Galling-Stiehler, A. (2022). Responsible Advertising antwortet nicht. *Transfer, 68*(4), 6–11.

Sedova, Y. (2022). Konsumentenwahrnehmungen von Green Demarketing. *Unveröffentlichte wissenschaftliche Abschlussarbeit, Fachbereich Wirtschaftswissenschaften, Hochschule Koblenz.*

Sodhi, K. (2011). Has marketing come full circle? Demarketing for sustainability. *Business Strategy Series, 12*(4), 177–185.

Statista. (2020). Anzahl der Flüge in der weltweiten Luftfahrt von 2014–2018. https://de.statista.com/statistik/daten/studie/411620/umfrage/anzahl-der-weltweiten-fluege/. Zugegriffen: 30. Nov. 2022.

Stock, K. (2013). Patagonia's ‚buy less' plea spurs more buying. https://www.bloomberg.com/news/articles/2013-08-28/patagonias-buy-less-plea-spurs-more-buying. Zugegriffen: 26. Juli 2022.

Sun, J. J., Bellezza, S., & Paharia, N. (2021). Buy less, buy luxury: Understanding and overcoming product durability neglect for sustainable consumption. *Journal of Marketing, 85*(3), 28–43.

Thangavelu, P. (2020). The Success of Patagonia's Marketing Strategy. https://www.investopedia.com/articles/personal-finance/070715/success-patagonias-marketing-strategy.asp. Zugegriffen: 26. Juli 2022.

Vlachos, P. A., Tsamakos, A., Vrechopoulos, A. P., & Avramidis, P. K. (2009). Corporate social responsibility: Attribution, loyalty, and the mediating role of trust. *Journal of the Academy of Marketing Science, 37,* 170–180.

Von Selchow, H. (2022). Consumer Perceptions of Green Demarketing Advertising. *Unveröffentlichte wissenschaftliche Abschlussarbeit, Fachbereich Wirtschaftswissenschaften, Hochschule Koblenz.*

Weigelt, N. (2022). Consumer Perceptions of Selective Demarketing. *Unveröffentlichte wissenschaftliche Abschlussarbeit, Fachbereich Wirtschaftswissenschaften, Hochschule Koblenz.*

Zacharakis, Z. (2015). Konsumkritik zum Anziehen. *Zeit Online.* https://www.zeit.de/wirtschaft/unternehmen/2015-12/patagonia-outdoor-bekleidung-nachhaltigkeit-trend?utm_referrer=https%3A%2F%2Fwww.google.com%2F. Zugegriffen: 30. Nov. 2022.

4

Schlussfolgerungen

Das vorliegende Buch nutzt insgesamt acht Primärdatenerhebungen und schafft damit ein empirisches Fundament aus Hunderten von Gesprächen und Tausenden von Aussagen durch Verbraucherinnen und Verbraucher, die sich mit Demarketingansätzen auseinandersetzten. In sieben Fallbeispielen haben die Untersuchungsdurchführenden jeweils Verbraucherinnen und Verbrauchern Demarketingkampagnen als Stimulus gezeigt und sie dann zu ihren Wahrnehmungen und Reaktionen in semi-strukturierten Interviews befragt. Die methodische Konsistenz der qualitativen Befragung ermöglicht es, die Erkenntnisse der einzelnen Studien in einem zusätzlichen Schritt als Ganzes zu betrachten und übergreifende Schlussfolgerungen zu Konsumentenreaktionen auf Demarketingkampagnen herzuleiten. Dieser Ansatz folgt der Idee der Metaanalyse qualitativer Studien, der über eine reine Gegenüberstellung der Ergebnisse und eine Zusammenfassung hinausgeht, sodass der Wert der studienspezifischen Erkenntnisse durch eine inhaltliche Synthese erweitert wird (McCormick et al., 2003). Im Folgenden diskutiert der Autor die Ergebnisse dessen vor dem Hintergrund des vorhandenen Wissens zur Typologisierung von Demarketing und zu Konsumentenreaktionen auf Demarketingkommunikation.

A. Hesse, *Demarketing*, https://doi.org/10.1007/978-3-658-41787-1_4

4.1   Erweiterung vorhandener Erkenntnisse

Aus zahlreichen Analysen zu Konsumentenreaktionen auf CSR-Aktivitäten, Corporate Social Marketing, Green Marketing und Demarketing ist bekannt, dass Reaktionen von Konsumentinnen und Konsumenten in fast allen Fällen vielgestaltig und nicht einseitig sind (Armstrong Soule & Reich, 2015; Ellen et al., 2006; Gupta & Hodges, 2012; Hesse, 2022; Lerro et al., 2018; Olsen et al., 2014). Markenverantwortliche müssen im Rahmen der Kommunikation verantwortungsvoller Themen mit einem Spektrum an Reaktionen und Wahrnehmungen rechnen, zu dem auch Skepsis und Ablehnung gehören. Im Falle der Anwendung des Demarketingkonzeptes ist von bipolaren Reaktionen auszugehen. Wenn kommerzielle Marken um die Gunst der Öffentlichkeit werben, indem Sie zugleich gegen Produkte oder bestimmte Verhaltensweisen werben, entsteht eine Parallelität, die viele Konsumentinnen und Konsumenten verwirrt oder ihnen widersprüchlich erscheint. Die in diesem Buch verwendeten Primärdatenerhebungen zeigen, dass die Wahrnehmungen und Reaktionen von Demarketingkampagnen sozusagen „gespalten" sind. In vielen Aussagen der Teilnehmerinnen und Teilnehmer lässt sich entweder eine positive befürwortende Ausrichtung oder eine ablehnende kritische Ausrichtung erkennen.

Die Reaktionen auf Demarketingkampagnen sind kritischer, wenn von einem erhöhten Umwelt- oder Produktinvolvement der Konsumentinnen und Konsumenten auszugehen ist (Matthes et al., 2014; Sedova, 2022). Diese kritischen Reaktionen sind die Folge einer kritischen Auseinandersetzung der Betrachterinnen und Betrachter vor allem auf der Ebene der Inhalte, Botschaften, Motive und Absichten. Die zu erwartende Pluralität und Spaltung der Verbraucherreaktionen kann als Risiko und gleichzeitig als Potenzial für Demarketingstrategien verstanden werden.

Insbesondere im Falle appellativer Aufrufe zum konsumentenseitigen Handeln (Corporate Social Marketing und Corporate Social Demarketing) erwarten Konsumentinnen und Konsumenten weiterführende Informationen, die über Verzichtaufrufe und

Verhaltenshinweise hinausgehen (Hesse & Rünz, 2020). Transparenz – unter anderem zum Beitrag des Absenders – und Ehrlichkeit scheinen Werbetreibenden dabei zu helfen, konsumentenseitige Widersprüche und Verdachtsmomente aufzulösen (von Selchow, 2022). Dabei lässt sich aus Studien zum Green Marketing ableiten, dass insbesondere Ankündigungen (beispielsweise eines in ferner Zukunft liegenden Ziels) und nicht überprüfbare Behauptungen (beispielsweise Vergleichsdaten und Bezugnahme zu schwierigen Daten) kritisiert werden (Hesse, 2022). Viel mehr fordern Konsumentinnen und Konsumenten, insbesondere wenn sie selbst zum Verzicht aufgerufen werden, Lösungsansätze von Unternehmen, die Demarketing einsetzen. Befürwortungen von Initiativen zu Wiederverwertung, Recycling oder Reparatur durch die Interviewteilnehmerinnen und -teilnehmer heben sich von der Skepsis, die die reißerischen Verzichtsaufrufe erzeugen, ab.

Einen bedeutenden Einfluss auf die Verbraucherwahrnehmungen und -reaktionen schreibt man dem bisherigen Umweltimage von Unternehmen zu (Armstrong Soule & Reich, 2015). Ein solches Umweltimage kann als schwierige Voraussetzung auf institutioneller Ebene der Produktkategorie oder Branche (beispielsweise Mineralölunternehmen oder chemische Industrie) verfestigt sein oder als Chance junger Unternehmen (beispielsweise Food-Startups) verstanden werden. Grundsätzlich bestätigen die in diesem Buch inkludierten Primärdatenerhebungen, die theoretischen Hintergründe: Je schlechter das bisherige Umweltimage, desto kritischer die Betrachtung der Marken (von Selchow, 2022). Dabei scheint ein positiv etabliertes Markenbild (etwa im Falle von Patagonia) nicht vor kritischen Reaktionen zu bewahren – insbesondere, wenn ein solches Unternehmen produktbezogenes Demarketing einsetzt (Hens, 2022; Kellermann, 2022). Darüber hinaus untermauert das vorliegende Buch an vielen Stellen die bislang in der Literatur aufzufindenden Erkenntnisse hinsichtlich geschlechterspezifisch ähnlicher Wahrnehmungen von Demarketing (Loe et al., 2000). Es wurden keine deutlichen Hinweise gefunden, die vermuten lassen, dass Menschen unterschiedlichen Geschlechts Demarketing unterschiedlich wahrnehmen.

Neben der Betrachtung der Konsumentenreaktionen auf Demarketing bietet das vorliegende Buch eine Unterstützung und Weiterentwicklung existierender Typologisierungen von Demarketingansätzen. Hervorzuheben ist dabei, dass die Demarketingtypologie in Kotler und Levys (1971) Grundlagenbeitrag in vielerlei Hinsicht heute noch nutzbar ist. Mit Blick auf die Werbewelt und die dort zu erkennenden Themenwellen von Green, Bio, Öko und Social Kampagnen, ist deutlich, dass Green Demarketing als Werbestrategie immer häufiger zu erkennen ist, sich sozusagen etabliert. An verschiedenen Stellen zeigte sich in der Betrachtung der Fallbeispiele, dass unternehmensseitige Aufrufe zu besserem Verhalten als eine Art Reaktion auf gesellschaftliche Krisen einzustufen sind. Das heißt, dass Unternehmen den „Zahn der Zeit" aufgreifen und werblich instrumentalisieren, häufig in Kombination mit der Bewerbung von (neuen) Alternativproduktlösungen. Corporate Social Demarketing kann dabei als Variante des strategischen Ansatzes eines werblichen Verzichtaufrufes auf institutioneller (kategorialer) Ebener zugunsten der Nachfragelenkung auf die Marke des Werbeabsenders verstanden werden. Es geht beim Demarketing dabei offensichtlich nicht nur um Konsumverzicht oder vergleichbare Verbesserungen des Gemeinwohls, sondern in der Regel auch um die Nachfragekanalisierung auf die Absendermarke.

4.2   Neue Erkenntnisse

Bevor im vorliegenden Abschnitt spezifische explizit neue Erkenntnisse vorgestellt werden, seien zwei Aspekte vorangestellt. Zum einen bietet das vorliegende Werk im deutschsprachigen Raum die erste umfassende Literaturanalyse, eine begriffliche Eingrenzung des Demarketing und eine Übersicht und Erweiterung der bekannten Typologisierungen. Zum anderen sind die zahlreichen Fallstudien durch ihre umfassende qualitative empirische Basis eine bislang in dieser Fülle nie dagewesene Möglichkeit, die konsumentenseitigen Reaktionen und Wahrnehmungen auf Demarketingkampagnen besser und tiefergehender zu verstehen. Die anfängliche Verwirrung, die Demarketing durch Werbebotschaften wie „Kaufen Sie nicht!", „Weniger ist mehr!" oder „Konsumieren Sie weniger!" hervorruft, wird durch die vorliegende

Erklärung des immanenten Widerspruchs ansatzweise aufgelöst. Auf diesem Weg wird die in vielen Kampagnen dahinter liegende Strategie im vorliegenden Werk exemplarisch entblößt und erklärt.

Es ist weitgehend klar, dass insbesondere provokative und kontroverse Werbebotschaften ein Spektrum an Reaktionen hervorrufen. In den untersuchten Fällen lassen sich Dimensionen von Reaktionen bündeln und abschichten: Konsumentinnen und Konsumenten befürworten vielmals Aktivitäten, Initiativen und Aufrufe an sich, lehnen aber die Verbindung solcher Initiativen mit Marken und Markenbotschaften ab (Hesse & Rünz, 2020; von Selchow, 2022). Eine Befürwortung von Kampagnenthemen wie dem Verzicht auf den Kauf schnelllebiger Konsumgüter oder qualitativ niedrigwertiger Lebensmittel, steht die Ablehnung kommerzieller Absichten auf der Markenebene gegenüber. Dies kann durch den Widerspruch zwischen einer nachfrageentlastenden Botschaft und ihrem kommerziellen Absender erklärt werden. Im Beispiel der Luftfahrtindustrie stellen Hesse und Rünz (2020) eine positive Reaktion auf das Thema (Umweltschutz) auf der Ebene der Kategorie (Luftfahrtindustrie) fest, während sich die Verarbeitung des inhärenten Widerspruchs durch die Verbraucher klar auf die Absender-Botschafts-Kombination (Fluglinie-Flugverzicht) auf Unternehmens- und Markenebene konzentriert. Will ein Unternehmen dennoch mit Demarketing überzeugen, bedarf es echter, ehrlicher Transparenz und Authentizität (Hesse, 2022).

Die Studie von Sedova (2022) greift als eine der ersten bekannten Studien die Frage auf, ob der Einsatz von Influencern und Testimonials als Botschafter von Demarketing erfolgreich werden kann. Das Ergebnis der qualitativen Studie verdeutlicht, dass ein solches Influencerdemarketing grundsätzlich nicht als problematisch einzustufen ist, zumindest wenn als Absender der Demarketingbotschaften Umweltinfluencer eingesetzt werden (Sedova, 2022). Diese Erkenntnis passt zur zuvor genannten Bedeutung der Absender-Botschafts-Kombination: Wenn Marken Influencer als Absender von Botschaften einsetzen, lassen sich die immanenten Widersprüche von kommerziellen Markenabsichten und nicht-kommerziellen Verzichtsaufrufen offenbar etwas dämpfen. Sozusagen wirkt der

Umweltinfluencer als Katalysator, ohne dabei Skepsis vollständig zu verhindern.

Ein weiterer neuer Aspekt, der aus den empirischen Untersuchungen hervorgeht, lässt sich an drei Stellen erkennen. Hesse und Rünz (2020) arbeiten in ihrer Studie zu Konsumentenwahrnehmungen auf die Green-Demarketingkampagne „Fly responsibly!" der Fluglinie KLM heraus, dass die Konsumentenreaktionen deutlich davon beeinflusst sind, in welchem direktem lokalen Bezug Interviewte zum Thema der Kampagne stehen oder ob diese an einem Ort an der Befragung teilnehmen, der eher Anonymität und Unbetroffenheit bietet. Konkret befürworten Interviewte den in der Kampagne thematisierten „Verzicht auf Kurzstreckenflüge" mehr in persönlichen Gesprächen am Flughafen als im Vergleich dazu in anonymen Onlinebefragungen. In ähnlicher methodischer Herangehensweise an die Stichprobenerhebung befragte von Selchow (2022) Supermarktkunden in zwei sehr unterschiedlich kaufkraftstarken Stadtvierteln: Auch dabei zeigten sich deutliche Unterschiede, hier in der Wahrnehmung des in der Kampagne eines Supermarktes integrierten Aufrufs generell „weniger zu kaufen". Während im kaufkraftstarken Umfeld mehr Befürwortung zu erkennen war, zeigten sich Interviewte im kaufkraftschwachen Umfeld ablehnender (von Selchow, 2022). Auch die Studie der Levi's-Kampagne von Sedova (2022) zeigt: Die Untersuchung konnte bestätigen, dass Verbraucherinnen und Verbraucher, die online antworten im Vergleich zu Verbraucherinnen und Verbrauchern die persönlich im Rahmen der Kaufsituation interviewt werden, kritischer und häufiger abgeneigt auf eine Demarketingkampagne reagieren (Sedova, 2022). Wenngleich die drei Untersuchungsergebnisse spannende Zusammenhänge vermuten lassen, bedarf es weiterer insbesondere quantitativer Befragungen, um die Erkenntnisse zu prüfen und eine Verallgemeinerung zu ermöglichen.

Darüber hinaus stellt die Studie Weigelts (2022) eine der ersten dem Autor bekannten Untersuchungen dar, die die Reaktionen von Konsumentinnen und Konsumenten auf selektives Demarketing, insbesondere den expliziten Ausschluss von Kundengruppen fokussiert. Die Studie zeigt die besondere Rolle der persönlichen Betroffenheit, die die empirisch erkennbaren Wahrnehmungsmuster dominiert. Im konkreten Fall zeigte sich, dass betroffene Kundinnen und Kunden eine eigene und komplett unterschiedliche Wahrnehmung der Demarketingkommunikation äußerten.

Als neu ist abschließend auch die Typologisierung von solidarischem Demarketing einzuordnen. Die Begriffskategorie wird definiert als Demarketing zugunsten direkter Wettbewerber; Werbetreibende, die diese Strategie nutzen, rufen dazu auf, dauerhaft oder temporär weniger vom eigenen Markenprodukt zu konsumieren, zugunsten eines erhöhten Konsums eines Wettbewerbsproduktes. Freiberg (2022) zeigt dabei auf, dass auch solidarische Demarketingwerbung durch Konsumentinnen und Konsumenten vielgestaltig, gespalten und manchmal widersprüchlich wahrgenommen wird. Dabei lässt sich erkennen, dass jüngere Betrachter positivere Wahrnehmungsmuster zeigen (Freiberg, 2022). Solidarisches Demarketing wird vielmals als etwas Neuartiges und Unkonventionelles angesehen und ruft Neugier hervor (Freiberg, 2022). Daraus lässt sich schlussfolgern, dass solidarisches Demarketing grundsätzlich einen eher differenzierenden Charakter hat.

4.3   Handlungsempfehlungen

Demarketing kann als subtiler Marketingansatz eingestuft werden, der einige Risiken in sich birgt. Abschließend listet der Autor des vorliegenden Werkes praxisnahe Umsetzungshinweise auf und beschreibt, wie sich die Risiken der Demarketingkommunikation beherrschen lassen.

Konsistentes Demarketing

Die Wahrnehmungsmuster von Demarketingkampagnen sind weniger gegensätzlich und insgesamt befürwortender zu erwarten, wenn Unternehmen über einen längeren Zeitraum konsistent für gesellschaftlich besseres Verhalten werben. Demarketing eignet sich daher weniger für Marken, die kurzfristig etwa markteintrittsbegleitende Kommunikation umsetzen. Ebenso verspricht Demarketing weniger positive Reaktionen, wenn es von Marken eingesetzt wird, die eine Neupositionierung ihrer etablierten Marke anstreben (Hesse, 2022). Die bisherige Wahrnehmung der Marke ebenso wie die bisheriger Wahrnehmung der Produktkategorie oder Branche prägen die Wahrnehmung und verstärken dabei gegebenenfalls die gegensätzliche Wirkung des Demarketing. Im gegenteiligen Fall der Markenunternehmen, die eine solide langjährige Reputation ihr Eigen nennen, wirkt das Unternehmensimage nicht erkennbar belastend, aber dennoch erzeugt Demarketingkommunikation auch in solchen Fällen stellenweise Skepsis.

Beidseitiges Demarketing

Konsumentinnen und Konsumenten werden in einigen Demarketingkampagnen aufgerufen, sich zu verändern und anders zu verhalten. Eine plausible Reaktion darauf ist eine Art „Gegenforderung" von Konsumentinnen und Konsumenten in der Art, dass Markenunternehmen sich gleichsam verändern, sozusagen ihren Beitrag leisten. Unternehmen sollten diesen Beitrag leisten, in dem sie Lösungen umsetzen und (danach oder einhergehend damit) Transparenz über diesen Beitrag detailliert ermöglichen.

Sensibles Demarketing

Wenn ausgerechnet solche Markenunternehmen für Verbesserungen werben, die auch Verursacher des gesellschaftlichen oder ökologischen Problems sind, bedarf es einer besonderen Vorsicht und Empathie. Dabei gilt es für Unternehmen, nicht als „Moralapostel" aufzutreten, nicht von der eigenen Verantwortung abzulenken und keinesfalls die eigene Rolle zu vertuschen, sondern transparent und ehrlich zu kommunizieren. Dies gilt besonders, wenn Marken Luxusgüter und hedonistische Güter anbieten. Empathie für die Wahrnehmungsmuster der Verbraucherinnen und Verbraucher ist dabei ein erfolgversprechendes Konzept. Darüber hinaus erscheint es ratsam, auf zu starke „Überhöhungen" und „Überzeichnungen" zu verzichten und somit zu vermeiden, dass sich die Demarketingreaktionen verstärken. Gemeint sind Beispiele wie Rennfahrer, die dafür werben, kein Auto zu fahren oder Top-Models, die dafür werben, weniger Fast-Fashion zu kaufen oder sich weniger zu schminken. Gleiches gilt für solidarisches Demarketing, bei dem nur wenig glaubhaft vermittelt werden kann, wenn ausgerechnet direkte Konkurrenten einander helfen. Je extremer die Gegensätze, um höher die zu erwartende Skepsis.

Kritikfähiges Demarketing

Kritik ist ein zentrales Element im Reaktionsspektrum des Demarketings. Insbesondere, wenn Verbraucherinnen und Verbraucher ein gesteigertes Interesse an einer Thematik haben, beispielsweise ihr Produktinvolvement höher ist oder sie zur gewählten Thematik (etwa dem Umweltschutz) ein thematisch höheres Involvement haben, ist mit einer intensiven gedanklichen Auseinandersetzung mit den Demarketingbotschaften zu rechnen. Umso mehr gilt es in solchen Fällen für Unternehmen inhaltlich zu argumentieren und auf Effekthascherei zu verzichten. Wenn niedrigeres Involvement zu erwarten ist, ist die Notwendigkeit einer stichhaltigen detaillierten Argumentation geringer. In diesem Fall gilt es allerdings zu berücksichtigen, dass auch dann der subtile Widerspruch und die immanente Gegensätzlichkeit des Demarketingansatzes zu Verwirrung führen kann.

Kontext-situatives Demarketing

Unternehmen müssen davon ausgehen, dass Reaktionen auf Demarketing nicht zuletzt davon abhängig sind, wo Konsumentinnen und Konsumenten mit entsprechenden Botschaften konfrontiert werden. Wenn Hochglanz-Anzeigen für weniger Konsum und weniger Umweltbelastungen in teuren Printmedien, einer kaufstimulierenden Kommunikation am Point-of-Sale gegenüberstehen, wird die Skepsis der Konsumentinnen und Konsumenten „befeuert". Der Kontext der Botschaft „Don't buy this jacket" ist zu berücksichtigen, darf aber nicht zu mehr Widersprüchlichkeit führen. Wenn man den Ansatz eines Ökologie-orientierten Demarketings konsequent weiterdenkt, müsste der Aufruf nicht zu kaufen auch am Verkaufspunkt – sei es am Regal im Ladengeschäft oder digital in der Präsentation im Onlineshop – erfolgen. Das heißt eine Botschaft wie die „Weniger Fleisch schmeckt nicht weniger lecker" des Lebensmitteleinzelhändlers Bio-Company wäre als Demarketingplakat am Fleischregal zu platzieren. In der Realität werden solche Beispiele aber eingesetzt, um am Regal der veganen und vegetarischen Fleischsubstitute die Alternative zu bewerben.

4.4   Limitationen

Für die in diesem Buch zugrunde gelegten Primärdatenerhebungen gelten die grundsätzlichen Limitationen qualitativer Forschung. Sämtliche Ableitungen, Schlussfolgerungen und Erkenntnisse sind eher interpretativer Art. Die herausgearbeiteten Erkenntnisse sind aufgrund der Auswahl und Größe der Stichproben, der Subjektivität der Kodierung und Kategorisierung sehr wohl geeignet, ein tiefgehendes Verständnis der ausgewählten Demarketingansätze zu erzielen. Gleichwohl wird deutlich darauf hingewiesen, dass methodisch keinerlei Anspruch auf Repräsentativität der Stichproben besteht, sodass eine Verallgemeinerung auf eine größere Grundgesamtheit oder eine Projizierung auf andere Kampagnenbeispiele nicht valide ist. Die methodische Entscheidung für überwiegend qualitative Untersuchungsansätze erfolgte bewusst, um eine möglichst tiefgehende und facettenreiche Datenbasis sicherzustellen. Die Durchführung von „In-situ"-Interviews (Arsel, 2017, S. 941) ermöglicht an vielen Stellen des vorliegenden Werkes die Erfassung von Konsumentenwahrnehmungen, eingebettet in die Realität des passenden Kontexts. Die Auswahl von möglichst unterschiedlichen Interviewpartnern verspricht die Erfassung eines breiten Spektrums verschiedener Reaktionsmuster. Eine Fokussierung auf bestimmte Interviewpartner (im vorliegenden Fall beispielsweise mit hohem Umweltengagement) ermöglicht einen gezielten und speziellen Tiefgang. Stichprobengrößen sind dabei bestimmt durch theoretische Sättigung (Eisenhardt & Graebner, 2007), das heißt, Studienteilnehmerinnen und -teilnehmer werden hinzugezogen, solange weitere Erkenntnisse durch zusätzliche Interviews zu erwarten sind. Die abschließend durchgeführte Synthese von Ergebnissen führt zu weiterer Vertiefung und einem noch besseren Verständnis der Frage, wie Demarketingmaßnahmen von Konsumentinnen und Konsumenten wahrgenommen werden. Gleichsam bringt die metaanalytische Aggregation der Daten weitere Limitationen mit sich.

Darüber hinaus sind Berichte von Konsumentinnen und Konsumenten über die eigenen Wahrnehmungen und Reaktionen von Kampagnen nur eine spezielle Annäherung an vielgestaltige Wirkungsoptionen von Marketingmaßnahmen. Die im vorliegenden Buch genutzten Primärdatenerhebungen gehen nicht auf Aspekte wie Kaufabsicht, Kaufverhalten, Weiterempfehlung, Loyalität oder andere Wirkungsoptionen ein. Kommerzielle und kommunikative Auswirkungen von Demarketingkampagnen sind messbar, werden aber im vorliegenden Buch nur mit Bezugnahme auf Sekundärquellen berücksichtigt. So lassen sich beispielsweise im Falle von Patagonias produktbezogener Demarketingkampagne von 2011 zahlreiche Medienberichte nennen, die positive kommerzielle Kampagnenwirkungen nennen (Heuer, 2017; Hwang et al., 2016; Kim et al., 2018; Lowitt, 2011; Stock, 2013; Thangavelu, 2020). Für die anderen Fallbeispiele liegt eine solche Betrachtungsmöglichkeit nicht vor.

4.5 Ausblick und zukünftige Forschung

Die durchgeführte Literaturrecherche, die auf die Terminologie Demarketing und auf Konsumentenreaktionen auf Demarketing fokussiert war, lässt erste Forschungslücken erkennen, die es in Zukunft zu schließen gilt. Basierend darauf sowie auf den empirischen Primärdatenerhebungen schlägt der Autor des vorliegenden Werkes folgende Forschungsausrichtungen für die Zukunft vor.

Langzeitwirkungen – Es lassen sich bis heute keine Studien finden, die die langfristigen Auswirkungen von Demarketingansätzen erforschen. Dabei sind Fragen von Relevanz, die tiefergehend untersuchen, welchen Einfluss der Einsatz von Demarketingkommunikation auf die Wahrnehmung von und Einstellung zu Marken hat. Gleichsam stellt sich die Frage, inwieweit längerfristig eingesetzte Demarketingstrategien erfolgreich sind. An dieser Stelle lässt sich heute nur schwer gesamthaft eine langfristige Erfolgsbetrachtung zum Demarketing beurteilen. Im Falle der Marke Patagonia steht der kapitale wirtschaftliche Erfolg des Unternehmens dem gleichzeitigen Misserfolg des Demarketingansatzes in Bezug auf weiterer Anstieg der Produktion und des Konsums von hochpreisiger Outdoorbekleidung und -ausrüstung gegenüber.

Zusammenspiel verschiedener Marketingstrategien – In vielen der in diesem Buch genannten Beispiele lässt sich erkennen, dass Markenunternehmen neben Demarketing in verschiedenen Facetten auch verwandte Konzepte, hier insbesondere Green Marketing, Social Marketing, CSR-Aktivitäten, umsetzen. Bislang ist wenig darüber bekannt, ob und inwieweit das Zusammenspiel solcher Ansätze zu Verwirrung der Konsumentinnen und Konsumenten führt, oder ob ein Zusammenspiel zu einer verstärkenden Wirkung führt.

Kontextbezogene Einflüsse – Vielversprechend erscheint eine weitergehende Untersuchung kontextbezogener Einflüsse auf die Wahrnehmung von Demarketing, deren Verständnis über das Thema Demarketing hinaus für ein besseres Verständnis von sozialer Erwünschtheit von Antworten und ähnlichen Verzerrungen nützlich sein können. Insbesondere Aufrufe zum Verzichtaufruf am Verkaufspunkt würden neue Erkenntnisse versprechen.

Influencerdemarketing – Die Untersuchung des Influencerdemarketings am Beispiel der Levi's-Kampagne (Sedowa 2022) verdeutlicht, dass der Einsatz von Influencern als Botschafter von Demarketingansätzen möglich ist. Forschungsfragen wie, ob und inwieweit Influencerdemarketing gleiche oder andere Wahrnehmungsmuster erzeugen oder welche Influencertypen mehr oder weniger geeignet für Demarketingkampagnen sind, versprechen erkenntnisreiche Analysen. Generell verspricht der Einsatz von Influencern insbesondere bei jüngeren Zielgruppen ein Mehr an Akzeptanz und Glaubwürdigkeit; es erscheint lohnenswert zu untersuchen, ob dies auch hinsichtlich des Influencerdemarketings der Fall ist und dabei die skeptischen und ablehnenden Reaktionsmuster seltener sind.

Einfluss von Konsummustern – Auf der Basis der durchgeführten empirischen Untersuchungen lässt Demarketing im Kontext von hedonistischem Konsum andere Reaktionen erwarten als Demarketing, dass utilitaristischen Konsum thematisiert. Wenn Luxusmarken etwa zum Verzicht auf Parfum aufrufen, entsteht ein größerer Widerspruch, der allerdings zugleich mehr thematische Befürwortung erwarten lässt. Bei utilitaristischem Konsum müssen die Demarketingabsender mit weniger Widerstand rechnen, gleichsam der Verzicht auf den Konsum mehr Ablehnung erwarten lässt. Untersuchungen in dieser Richtung versprechen ein weitergehendes Verständnis der Reaktionen, die auf Demarketing zu erwarten sind.

Interkulturelle Unterschiede – Gleichsam fehlt es bis heute an Forschungen, die unterschiedliche Reaktionsmuster in unterschiedlichen Kulturen identifizieren und vergleichen. Wenngleich Marken wie Patagonia Demarketingbotschaften weltweit etablieren, sind die Wahrnehmungsmuster in unterschiedlichen Ländern potenziell unterschiedlich.

Zukünftige Untersuchungen zur Konsumentenreaktion auf Demarketing sollten aus Sicht des Autors des vorliegenden Werkes zudem die Wirkung der Kombination verschiedener Einflussfaktoren auf Demarketingreaktionen in den Fokus der Untersuchungen rücken. Zu nennen sind da vor allem die Umweltreputation der Marke, der Bezugsrahmen der Werbung (institutionell, produktbezogen), die Form des Konsums (hedonistischer Konsum, utilitaristischer Konsum) und das Umweltinvolvement der Betrachter.

Literatur

Armstrong Soule, C. A., & Reich, B. J. (2015). Less is more: Is a green demarketing strategy sustainable? *Journal of Marketing Management, 31*(13–14), 1403–1427.

Arsel, Z. (2017). Asking questions with reflexive focus: A tutorial on designingand conducting interviews. *Journal of Consumer Research, 44,* 939–948.

Eisenhardt, K. M., & Graebner, M. E. (2007). Theory building from cases: Opportunities and challenges. *Academy of Management Journal, 50*(1), 25–32.

Ellen, P. S., Webb, D. J., & Mohr, L. A. (2006). Building corporate associations: Consumer attributions for corporate socially responsible programs. *Journal of the Academy of Marketing Science, 34*(2), 147–157.

Freiberg, P. (2022). *Konsumentenwahrnehmungen von Demarketing.* Unveröffentlichte wissenschaftliche Abschlussarbeit, Fachbereich Wirtschaftswissenschaften, Hochschule Koblenz.

Gupta, M., & Hodges, N. (2012). Corporate social responsibility in the apparel industry: An exploration of Indian consumers' perceptions and expectations. *Journal of Fashion Marketing and Management, 16*(2), 216–233.

Hens, L. (2022). *Konsumentenwahrnehmungen von Green Demarketing.* Unveröffentlichte wissenschaftliche Abschlussarbeit, Fachbereich Wirtschaftswissenschaften, Hochschule Koblenz.

Hesse, A. (2022). *Green Marketing – Empirische Erkenntnisse zur Konsumentenwahrnehmung von Ökologie-orientierten Repositionierungsversuchen etablierter Marken. Wissenschaftliche Schriften des Fachbereichs Wirtschaftswissenschaften,* 36. Hochschule Koblenz.

Hesse, A., & Rünz, S. (2020). 'Fly responsibly': A case study on consumer perceptions of a green demarketing campaign. *Journal of Marketing Communications, 28*(3), 232–252.

Heuer, S. (2017). Patagonia – Profit unter Protest. *brand eins,* 02, https://www.brandeins.de/magazine/brand-eins-wirtschaftsmagazin/2017/marketing/patagonia-profit-unter-protest. Zugegriffen: 30. Nov. 2022.

Hwang, C. G., Lee, Y., Diddi, S., & Karpova, E. (2016). "Don't buy this jacket": Consumer reaction toward anti-consumption apparel advertisement. *Journal of Fashion Marketing and Management, 20*(3), 435–452.

Kellermann, A. (2022). *Consumer Perceptions of Green Demarketing Advertising.* Unveröffentlichte wissenschaftliche Abschlussarbeit, Fachbereich Wirtschaftswissenschaften, Hochschule Koblenz.

Kim, S., Ko, E., & Kim, S. J. (2018). Fashion brand green demarketing: Effects on customer attitudes and behavior intentions. *Journal of Global Fashion Marketing, 9*(4), 364–378.

Kotler, P., & Levy, S. J. (1971). Demarketing, yes, demarketing. *Harvard Business Review, 49*(6), 74–80.

Lerro, M., Vecchio, R., Caracciolo, F., Pascucci, S., & Cembalo, L. (2018). Consumers' heterogeneous preferences for corporate social responsibility in the food industry. *Corporate Social Responsibility and Environmental Management, 25*(6), 1050–1061.

Loe, T. W., Ferrell, L. K., & Mansfield, P. (2000). A review of empirical studiesassessing ethical decision making in business. *Faculty Publications,* 2541.

Lowitt, E. (2011). Patagonia's "Buy less" campaign may lead to more revenue. *Harvard Business Review,* October.

McCormick, J., Rodney, P., & Varcoe, C. (2003). Reinterpretations across studies: An approach to meta-analysis. *Qualitative Health Research, 13*(7), 933–944.

Matthes, J., Wonneberger, A., & Schmuck, D. (2014). Consumers' greeninvolvement and the persuasive effects of emotional versus functional ads.*Journal of Business Research, 67*(9), 1885–1893.

Olsen, M. C., Slotegraaf, R. J., & Chandukala, S. R. (2014). Green claims and message frames: How green new products change brand attitude? *Journal of Marketing, 78*(5), 119–137.

Sedova, Y. (2022). *Konsumentenwahrnehmungen von Green Demarketing.* Unveröffentlichte wissenschaftliche Abschlussarbeit, Fachbereich Wirtschaftswissenschaften, Hochschule Koblenz.

Stock, K. (2013). Patagonia's ‚buy less' plea spurs more buying. https://www.bloomberg.com/news/articles/2013-08-28/patagonias-buy-less-plea-spurs-more-buying. Zugegriffen: 26. Juli 2022.

Thangavelu, P. (2020). The success of patagonia's marketing strategy. https://www.investopedia.com/articles/personal-finance/070715/success-patagonias-marketing-strategy.asp. Zugegriffen: 26. Juli 2022.

Von Selchow, H. (2022). *Consumer perceptions of green demarketing advertising.* Unveröffentlichte wissenschaftliche Abschlussarbeit, Fachbereich Wirtschaftswissenschaften, Hochschule Koblenz.

Weigelt, N. (2022). *Consumer perceptions of selective demarketing.* Unveröffentlichte wissenschaftliche Abschlussarbeit, Fachbereich Wirtschaftswissenschaften, Hochschule Koblenz.

5

Schlusswort

Eine Demarketingkampagne macht aus einem Anbieter eines gesundheitsschädlichen Produktes keinen Heilsbringer und aus einem Umweltsünder keinen Öko-Heiligen! Im Gegenteil, Skepsis, Kritik und Abneigung sind zu erwarten, wenngleich Kampagnenthemen wenig kontrovers beurteilt werden dürften. Im Falle einer negative Reputation von Marke, Produktkategorie oder Branche, aber auch wenn Marken im Rahmen von Demarketingkommunikation Konsumentinnen und Konsumenten zum aktiven Mitmachen aufrufen, ist es umso wichtiger den markenseitigen Beitrag zur positiven Veränderung aufzuzeigen und nicht bloß an die Konsumentinnen und Konsumenten zu appellieren. Und dies gilt auch für die als neu identifizierten Typen solidarisches Demarketing und Influencerdemarketing.

Wenngleich eine Vielzahl befragter Verbraucherinnen und Verbraucher die Kampagne, die am ehesten für die Demarketingstrategie steht, kritisch betrachtete, bleibt der Autor beeindruckt vom Ansatz und der Konsequenz Patagonias: Originaltöne wie „widersprüchlich", „überraschend", „verwundernd" und „kontrovers" zeigen aber – auch 11 Jahre nach dem Erscheinen der Anzeige – wie verstörend der Antikonsumaufruf von Patagonia wirkt (Hens, 2022). Patagonia nutzt die

Widersprüchlichkeit, die dem Demarketingaufruf innewohnt, um Aufmerksamkeit durch kontroverse Werbung zu gewinnen. Aufmerksamkeit, die der guten Sache (der Verhaltensänderung in der Gesellschaft) aber auch dem eigenen Umsatz dient. Die Konsequenz mit der Patagonia Demarketing zum Teil der Unternehmensstrategie, Unternehmenskultur und zum Markenkern gemacht hat, bleibt hervorstechend. Teil des öffentlichen Diskurses zum Thema Konsum und Umweltbelastung ist die Frage, ob kommerzielle Unternehmen überhaupt Gesellschaftsfragen oder auch politische Positionen postulieren sollten oder ob ihnen eine solche Rolle eines „Moralapostels" per se nicht zusteht, da sie – und dies gilt für fast alle Fälle – zuallererst kommerzielle und wirtschaftliche Ziele verfolgen. Demarketing stünde in diesem Sinne für eine Doppelmoral solcher Unternehmen, die Konsumverzicht predigen, während sie mit dem Konsum Profite machen.

Demarketing ist unlogisch! Der Versuch des Autors, im vorliegenden Buch herauszuarbeiten, wie Demarketingansätze von Konsumentinnen und Konsumenten wahrgenommen werden, führte zu einer vielgestaltigen Dekonstruktion des Widerspruchs, der durch das Aufeinandertreffen einer gelernten und demzufolge erwarteten Profitorientierung und einer ausgesprochenen Aufforderung zur Nachfragereduzierung entsteht. Ein zusätzlicher Erklärungsansatz dieses Widerspruches kann in der Theorie institutioneller Logiken gefunden werden (Thornton et al., 2012). Institutionen werden im Rahmen dieser Perspektive als „überorganisatorische Aktivitätsmuster" verstanden (Friedland & Alford 1991, S. 232). Institutionelle Logiken werden sowohl von Vertretern in ihren jeweiligen Bereichen mobilisiert als auch durch Wahrnehmungen und Reflektionen von außen manifestiert (McPherson & Sauder, 2013). Eine angemessene Kategorisierung von institutionellen Logiken bietet Thornton et al. (2012): der Markt, die Unternehmen, die Berufe, der Staat, die Familie, die Gemeinschaften und die Religionen. Im Falle der Betrachtung von Wahrnehmungen von Demarketingansätzen lassen sich die Institutionen „Markt" und „Unternehmen" heranziehen. Unternehmen, die in einer Marktwirtschaft operieren, werden als „wirtschaftend" und nach „Gewinnmaximierung" strebend verstanden. Aufgrund begrenzter

Ressourcen (beispielsweise begrenzter Konsumnachfrage) versuchen solche Unternehmen ein optimales Verhältnis von Input- und Outputfaktoren zu erzielen. Es existiert sozusagen eine Legitimation, dass solche Unternehmen danach streben, eingebrachte Produktionsfaktoren und dispositive Faktoren (wie Werbeausgaben) so einzusetzen, dass sie möglichst viel „Profit" (Output) erzeugen. Konsumentinnen und Konsumenten, die als Nachfrage an solchen Märkten teilnehmen, haben durch Erfahrungen gelernt, wie sich Wirtschaftsunternehmen verhalten und haben so ein grundsätzliches Verständnis zum „normalen", „zu erwartenden" und „typischen" Verhalten von Wirtschaftsunternehmen entwickelt. Dieses Verhalten wird entsprechend als kongruent zur institutionellen Logik oder einfach als „logisch" wahrgenommen.

Es „ist" also logisch, dass Unternehmen mehr verkaufen wollen. Und es „ist" unlogisch, wenn Unternehmen dazu aufrufen, dass Konsumentinnen und Konsumenten weniger kaufen sollen. Demarketingansätze sind aus dieser Perspektive nur in den Fällen nicht widersprüchlich, wenn sie zur institutionellen Logik von Märkten und Unternehmen passen. Etwa wenn Unternehmen die Nachfrage eindämmen, um unerwünschte Kundengruppen auszuschließen. Oder wenn Unternehmen Auslaufmodelle im Schaufenster durch Innovationsmodelle ersetzen. Wenn Unternehmen allerdings zum Weniger-Konsum oder sogar explizit zum Nichtkauf von bestimmten Produkten aufrufen, entsteht durch die Inkongruenz zur institutionellen Logik Widerspruch. Die Inkongruenz scheint größer zu sein, wenn besonders kommerziell orientierte Unternehmen zum Weniger-Konsum aufrufen. Die Reputation der Unternehmen, explizit die Umweltreputation oder der Grad der Massenproduktion, verstärkt die Erwartung an sie. Fast Fashion Modemarken sind hier ein gutes Beispiel. Die institutionelle Logik ist klar manifestiert, weichen solche Anbieter von der Erwartung ab, verhalten sie sich in der Wahrnehmung von außen „unlogisch". Es entsteht mehr Widerspruch als bei Ökologie-orientierten Modeunternehmen.

Der Erklärungsansatz lässt sich auch in entgegengesetzter Richtung anwenden. Die Inkongruenz zur institutionellen Logik ist geringer, wenn *nicht*-kommerzielle Organisationen zu weniger Konsum oder weniger schädlichem Verhalten aufrufen (Social Demarketing) oder

wenn Wirtschaftsunternehmen zu *nicht*-kommerziellen Gesellschafts-
änderungen aufrufen (Corporate Social Demarketing), insbesondere
wenn diese nicht in direktem Zusammenhang mit dem eigenen Profit
stehen. Der Widerspruch ist entsprechend geringer ausgeprägt.

Vor dem Hintergrund der „Theorie institutioneller Logiken" lässt
sich also abschließend ein gegensätzlicher Zusammenhang des Grades
der Kongruenz (von Kommunikationsbotschaften und Verhaltensweisen von Organisationen zur institutionellen Logik von Markt und
Unternehmen) zum dem Grad des wahrgenommenen Widerspruchs
durch Konsumentinnen und Konsumenten erkennen. Erneut wird
deutlich darauf hingewiesen, dass es sich hier um einen qualitativ-interpretativen Erklärungsansatz des Autors handelt und methodisch keinerlei Anspruch auf eine Verallgemeinerung besteht.

Literatur

Friedland, R., & Alford, R. R. (1991). Bring society back in: Symbols,
practices, and institutional contradictions. In W. W. Powell & P. J.
DiMaggio (Hrsg.), *The new institutionalism in organizational analysis* (S.
232–263). University of Chicago Press.

Hens, L. (2022). Konsumentenwahrnehmungen von Green Demarketing.
*Unveröffentlichte wissenschaftliche Abschlussarbeit, Fachbereich Wirtschafts-
wissenschaften, Hochschule Koblenz.*

McPherson, C. M., & Sauder, M. (2013). Logics in action:
Managinginstitutional complexity in a drug court. *Administrative Science
Quarterly*, 58(2), 165–196.

Thornton, P. H., Ocasio, W., & Lounsbury, M. (2012). *The institutional logics
perspective: A new approach to culture, structure, and process.* Oxford University Press.

The manufacturer's authorised representative in the EU is Springer
Nature Customer Service Centre GmbH, Europaplatz 3, 69115 Heidelberg,
Germany. If you have any concerns regarding our products, please
contact ProductSafety@springernature.com

Printed and bound by CPI Group (UK) Ltd, Croydon, CR0 4YY
28/04/2026
02098538-0009